DIE FÜLLE DES NICHTS

Vom Wesen des Zen

Eine systematische Erläuterung

von Hôseki Shinichi Hisamatsu

übersetzt von

Takashi Hirata und Johanna Fischer

NESKE

Dritte Auflage 1984

 Umschlag von Brigitte Neske.
Gesamtherstellung bei Wilhelm Röck, Weinsberg.
ISBN 3 7885 0049 2. Printed in Germany

INHALT

Die chinesischen Schriftzeichen auf dem Umschlag und auf dem gegenüber abgebildeten Rollbild sind Kalligraphien von der Hand des Verfassers, der ein Meister der Schreibkunst und besonders des hier angewandten schwierigen Schreibstils ist, der meditative Konzentration voraussetzt.

Das Schriftzeichen auf dem Umschlag, chinesisch: Wu, japanisch: Mu gelesen, bedeutet: »Nichts«.

Die beiden kleineren Schriftzeichen links davon sind der Namenszug des Meisters Hisamatsu, der mit seinem Klosternamen »Hôseki« gezeichnet hat.

Der Text des Rollbildes (Kakemono) ist von oben nach unten und von rechts nach links zu lesen und lautet in der Übersetzung von Professor Kôichi Tsujimura:

»Alle weltlichen Begierden sind abgefallen, und zugleich hat sich auch der Sinn der Heiligkeit restlos entleert.«

Es ist die Anfangszeile zum 8. Bild der berühmten Serie »Zehn-Ochsen-Bilder« (s. »Der Ochs und sein Hirte«, Neske, Pfullingen 1958, Seite 41).

Das Original der Kalligraphie auf dem Umschlag ist im Besitz von Professor Kôichi Tsujimura.

Das Rollbild auf Seite 7 gehört Dr. Eberhard Cold.

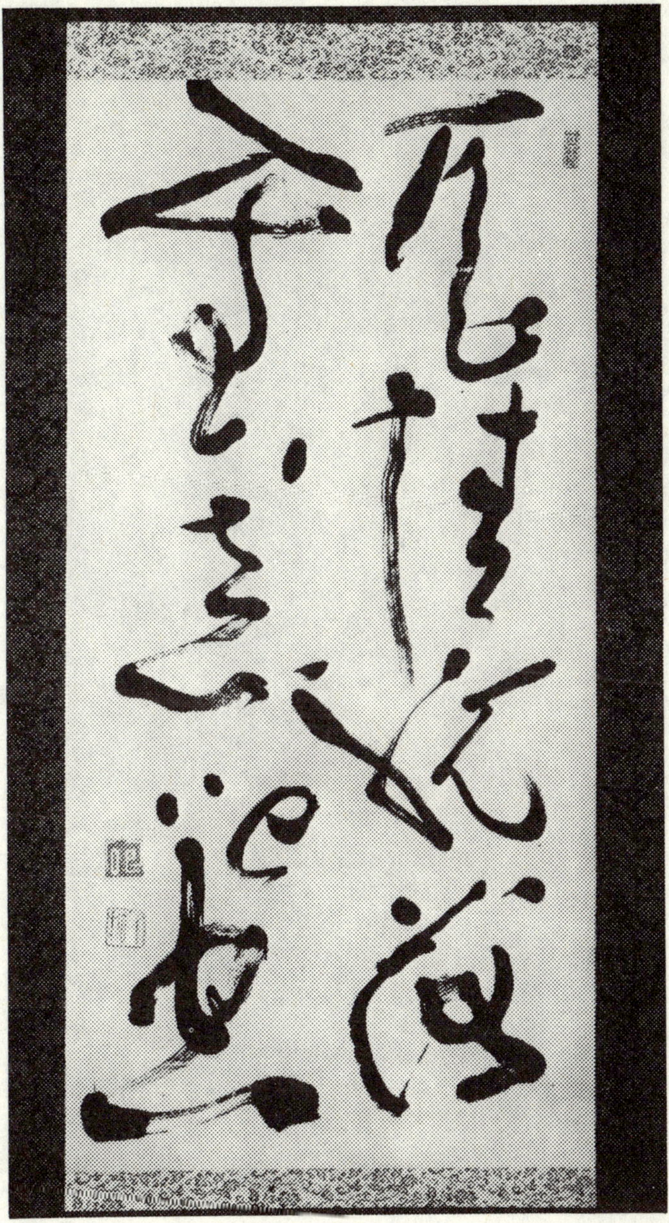

VORREDE

Was ich hier »Ostasiatisches Nichts« oder »Zen-buddhistisches Nichts« nennen möchte, ist das Nichts, welches der Welt des Fernen Ostens eigentümlich ist. Dieses Nichts ist das wesentliche Kennzeichen, das die ostasiatische Kultur von der des Abendlandes unterscheidet. Es ist das Mark des Buddhismus und der Wesenskern des Zen. Dieses Nichts ist auch das Selbst-Erwachen der Wahrheit in mir (Satori), in dem mein religiöses Leben und mein philosophisches Denken verwurzelt ist.

Obwohl ich schon mehrfach den Versuch unternommen habe, über dieses Nichts zu sprechen, sind meine bisherigen Aussagen jedoch nur fragmentarisch geblieben. Deshalb möchte ich hier von neuem versuchen, dieses Nichts in seiner lebendigen Fülle durch negative und positive Darlegung systematisch zu erläutern.

Um einer Verwechslung mit anderen möglichen Nichts-Konzeptionen vorzubeugen, ist dieses Nichts des Zen-Buddhismus zunächst zu analysieren und begrifflich abzugrenzen. Dabei ist allerdings nicht zu vermeiden, daß das auf solche Weise in Begriffe gezwängte Nichts seine konkrete Wahrheit und Lebendigkeit verliert und sich zu seinem eigenen bloßen Schatten verflüchtigt. Das ist das unüberwindliche Verhängnis, dem jede begriffliche Erläuterung dieses Nichts ausgesetzt ist. Trotzdem fehlt es seit den frühesten Zeiten nicht an begrifflichen Darlegungsversuchen dieses Nichts. Das ist einerseits dem menschlichen Bedürfnis nach einer begrifflichen Konzeption, also dem wissenschaftlichen Interesse zuzuschreiben; andererseits entspringt es dem religiösen Bedürfnis, den Wahrheitssuchenden zu helfen, die das »Nichts« in sich selbst treffen und unmittelbar erfahren wollen, indem man ihnen ein unverfehlbares Ziel oder Leitbild zeigt. Während die heutigen Philosophen dieses »Nichts« meist nur aus wissenschaftlichem Interesse zum Gegenstand ihrer Darlegungen machen, treibt die Zen-Meister von alters her ausschließlich das Bedürfnis, denen zu helfen, die auf nebligem Meere die Wahrheit suchen. Um diesen ein untrügliches, zuverlässiges Kriterium gleich einem Kompaß an die Hand zu geben, bemühen sie sich, dieses »Nichts«, das sich eigentlich der Unterscheidbarkeit entzieht, doch zu unterscheiden und dem Verstand zugänglich zu machen.

Zwischen den Wissenschaftlern und den Zen-Meistern besteht also hinsichtlich der Interessensphären und der Ziele ihrer begrifflichen und wissenschaftlichen Darlegungen ein großer Unterschied, den man nicht aus den Augen lassen darf.

Wenn nun aber schon dieses an sich unerklärbare Nichts hier begrifflich und wissenschaftlich behandelt werden soll, so ist ohne Frage Genauigkeit bei der Unterscheidung anzustreben. Denn gerade weil diese Arbeit aus dem Verlangen entstanden ist, den Suchenden zu helfen, kann sie ohne begriffliche Genauigkeit ihr religiöses Ziel nicht erreichen.

I

DIE NEGATIVE ERLÄUTERUNG DES ZEN-BUDDHISTISCHEN NICHTS

Zuerst einmal ist es wichtig, daß wir uns darüber klar werden, was dieses Nichts des Zen-Buddhismus nicht ist. Denn was wir gewöhnlich mit dem Wort »Nichts« bezeichnen, ist sehr verschiedenartig und vieldeutig. Um das Nichts des Zen anschaulich zu machen, ist es also nötig, es durch genaue Prüfung von andersgearteten Begriffen des Nichts abzusondern. Deshalb möchte ich eine eingehende Betrachtung über die verschiedenen Aspekte des Nichts an den Anfang stellen und dabei die folgenden fünf Unterscheidungen treffen:

Erstens: Das »Nichts« als eine Negation des Vorhandenseins.
Es geht hier um das Nichts, etwa gemäß den Aussagen ›der Tisch ist nicht (vorhanden)‹ oder ›die Freude ist (besteht) nicht‹, also um die Negation eines Seienden materieller oder geistiger Art. Es ist das Nichts des ›... ist nicht (vorhanden)‹. Dieses Nichts stellt zweierlei in Abrede: das Vorhandensein eines individuell Seienden wie im Falle ›der Tisch ist nicht‹ oder ›die Freude ist nicht‹, und das Vorhandensein von etwas Seiendem schlechthin, wie ›nichts ist‹ oder ›alles ist nicht (vorhanden)‹.

Zweitens: Das »Nichts« als Negation der Aussage.
Es geht hier um die Feststellung, ›ein Tisch ist kein Stuhl‹ oder ›Freude ist nicht Trauer‹. Was negiert wird, ist also die Aussage über eine Sache. Es handelt sich somit nicht wie im ersten Fall um die Negation des Tisches als solchen, sondern um die Negation des ihm zugeteilten Prädikates. Das Nichts

steht hier im Sinne von ›dieses ist nicht jenes‹. Auch hier wird zweierlei negiert, nämlich im speziellen Fall die Aussage über ein einzelnes Satzsubjekt wie bei ›der Tisch ist kein Stuhl‹, zugleich aber überhaupt jede Aussage über das Satzsubjekt ganz allgemein: ›dies ist nicht irgend etwas anderes‹ oder ›dies ist nicht irgend etwas‹.
Bei dieser zweiten totalen Negation kann man wiederum zwei Arten unterscheiden: Die Verneinung, die zwar total lautet, aber doch eine Aussage wie ›dieser Tisch ist nicht irgend etwas anderes‹ nicht ausschließt, und die Verneinung, die ohne jede Einschränkung total verneint und damit keinerlei Aussage zuläßt. Wie in der Feststellung ›die absolute Wahrheit ist nicht irgend etwas‹ die totale Verneinung nicht nur besagt, daß die absolute Wahrheit nicht irgend etwas ist, so besagt sie auch, daß sie keinerlei Aussage über sich zuläßt.

Drittens: Das »Nichts« als Idee.
Dieses Nichts drückt nicht aus, ›etwas Bestimmtes ist nicht (vorhanden)‹ oder ›etwas Bestimmtes ist nicht dies oder jenes‹, sondern es bedeutet das Nicht-Dasein überhaupt im Gegensatz zum Vorhandensein oder das Nichts im Gegensatz zum Sein überhaupt. Das ist das Nichts als abstrakte logische Idee, die etwa so darstellbar ist: ›Das Nichts ist kein Sein‹ oder ›aus dem Nichts wird kein Sein‹.

Viertens: »Das Nichts« als Einbildung.
Ich kann mir zum Beispiel einbilden, daß etwas nicht sei, auch wenn es unleugbare Wirklichkeit ist, ja, daß ich gestorben und nicht mehr am Leben sei, obwohl ich zweifellos hier und jetzt lebe. Solcherart ist das eingebildete Nichts. Bei diesem Nichts kann sich die Einbildung sowohl auf eine bestimmte Sache oder Person beziehen, wie in der Aussage

›dieser Tisch ist nicht‹ oder ›ich bin nicht‹, als auch auf alles, was ist, wie in dem Satz ›alles, was ist, ist nicht‹.

Fünftens: Das »Nichts« als Unbewußtheit.
Man kann sagen, daß für einen Menschen, der in tiefem Schlaf liegt, in einer Ohnmacht befangen oder gestorben ist, bestimmte Dinge nicht sind oder alle Dinge nicht sind; ja, selbst im Wachen besteht die Möglicheit dieser Unbewußtheit.
Es gibt also eine Reihe von Phänomenen, die mit dem Wort ›das Nichts‹ bezeichnet werden können, die sich aber von dem zen-buddhistischen Nichts wesentlich und eindeutig unterscheiden.
Das Nichts des Zen-Buddhismus ist mit dem im ersten Beispiel genannten Nichts als Negation des Vorhandenseins nicht identisch, da es weder das Vorhandensein eines einzelnen Seienden noch des Seienden überhaupt negiert. In der Tat wird niemand glauben, daß das Nichts gemäß der Feststellung ›der Tisch ist nicht (vorhanden)‹ oder ›die Freude ist (besteht) nicht‹ das spezifische Nichts des Zen darstellt. Trotzdem wird dieses Nichts des Zen bisweilen als die Negation des Vorhandenseins alles Seienden mißverstanden, zumal wenn es mit Worten wie ›in allen drei Welten gibt es kein Sein (Dharma)‹ umschrieben wird, oder mit ›Alles, was ist, ist Leere‹ oder ›Nicht irgend etwas ist vorhanden‹. Nicht zu Unrecht kommt es hier zu falschen Auslegungen, da Ausdrücke wie ›In allen drei Welten gibt es kein Sein‹ oder ›Nicht irgend etwas ist vorhanden‹, wörtlich die Negation des Vorhandenseins alles Seienden bedeuten. Aber diese Ausdrücke besagen nur, daß es im Nichts des Zen selbst, oder anders ausgedrückt, im Selbst-Erwachen der Wahrheit nichts gibt, was als seiend angesprochen werden könnte. Das darf man auf Grund solcher unbestimmten De-

finitionen jedoch nicht dahingehend mißverstehen, daß das Nichts des Zen die Negation des Vorhandenseins schlechthin bedeute. Es muß entschieden davor gewarnt werden, sich diese falsche Auffassung zu eigen zu machen, die bei uns von alters her als nihilistisch oder als die irrige Ansicht vom ›verneinenden Nichts‹ oder ›vom hartnäckig festgehaltenen Nichts‹ abgelehnt wird. Der Sechste Patriarch des Zen-Buddhismus, Hui-nêng, sagt im zweiten Kapitel ›Weisheit‹ seiner Sammlung von Fragen und Antworten, T'an-ching:
»Das Herz ist so weit und groß wie der leere Himmelsraum. Es ist ohne Grenze und Rand, es ist weder rund noch eckig, weder groß noch klein, es ist weder grün noch gelb, rot oder weiß, es ist ohne Oben und Unten, ohne Länge und Kürze. Es ist ohne Freud und Leid, ohne Ja und Nein, ohne Gut und Böse, ohne Anfang und Ende. Meine Schüler, die ihr hier meine Predigten von der Leere hört, haltet nicht an der Leere fest.«
Auch in der Predigt-Sammlung »Ch'uan-hsin fa-yao« von Huang-po steht geschrieben:
»Das wahre Wesen ist gleich dem leeren Himmelsraum; es ist ohne Form und Gestalt, ohne Richtung und Ort; doch es ist keineswegs Nichtsein.«
Das Nichts des Zen ist auch mit dem Nichts im Sinne der Negation der Aussage, wie im zweiten Beispiel, nicht identisch.
Niemand wird wohl das Nichts, das in dem Satz ›der Tisch ist kein Stuhl‹ ausgedrückt wird, für das Nichts des Zen halten; eine verallgemeinernde Ausdrucksweise wie ›das ist weder dies noch jenes‹ oder ›das ist nicht irgend etwas anderes‹ könnte aber vielleicht zu der Vermutung verleiten, es handele sich hier doch um das Nichts des Zen. Die Aussage ›nicht irgend etwas anderes‹ kann man mit jedem Subjekt verbinden, wie zum Beispiel ›dieser Tisch ist nicht irgend

etwas anderes‹ oder ›jener Stuhl ist nicht irgend etwas anderes‹. Da das Subjekt selbst, dieser Tisch oder jener Stuhl, hier schon etwas Bestimmtes ist, bedeutet die Aussage ›nicht irgend etwas anderes‹ nur soviel wie ›das (beliebige Subjekt) ist nicht irgend etwas anderes; es ist es selbst‹, und schließt nicht etwa die Möglichkeit einer Aussage aus. Denn über etwas Bestimmtes und Begrenztes muß eine Aussage möglich sein. Auf eine Definition des Begriffes ›Gott‹ angewendet, heißt dies jedoch, daß Gott nicht irgend etwas anderes ist, – und das bedeutet nicht nur, ›Gott ist nicht irgend etwas anderes als Gott, Gott ist Gott‹, sondern auch ›Gott schließt jede Aussage über sich aus‹. Daß Gott nicht irgend etwas anderes ist, darf man nicht als einen negativen Ausdruck bloßer tautologischer Identität verstehen im Sinne des Satzes ›der Tisch ist nicht irgend etwas anderes‹, sondern es hat einzig und allein die Bedeutung: Der Begriff Gott schließt jede Definition aus. Auch im Christentum sagt man ›Gott ist nicht irgend etwas anderes‹, ›Gott ist nicht irgend etwas‹, ›Gott ist Nichts‹, und das ist im obengenannten Sinne zu verstehen. Wenn über etwas relativ Bestimmtes und Endliches, wie zum Beispiel über jenen Tisch das Urteil gefällt wird: ›das ist nicht irgend etwas anderes‹, dann ist das nur eine Tautologie, nämlich ›dieser Tisch ist (nichts anderes als) dieser Tisch‹ und diese Tautologie, als Urteil verstanden, ist von geringem Wert. Dagegen muß das Urteil ›Gott ist nicht irgend etwas‹, wenn es als Urteil über Gott, der jede Definition ausschließt, betrachtet wird, als das höchste von allen möglichen Urteilen über Gott angesehen werden. Im Ch'i-hsin-lun, einem buddhistischen Kommentar, heißt es:

»Das Wesen der Wahrheit ist weder formhaft noch formlos, weder nicht-formhaft noch nicht-formlos, weder formhaft und formlos zugleich, weder gleich-formhaft noch verschieden-formhaft, noch gleich- und verschieden-formhaft zugleich.«

Dieser Satz besagt: ›Die absolute Wahrheit ist letzten Endes nicht irgend etwas, sondern sie ist eben Nichts‹. Dieses Nichts ist im Grunde genommen nichts anderes als jenes Nichts, das in christlicher Terminologie ›Gott ist Nichts‹ heißt. Im Buddhismus wird der Begriff des Nichts im obengenannten Sinne sehr oft zur Definierung der Buddhanatur, der absoluten Wahrheit oder des Nirvāna gebraucht. Aber dieses Nichts ist an sich noch immer das Nichts als Negation der Aussage, und nicht das Nichts des Zen. Da das zenbuddhistische Nichts jede Aussage und begriffliche Bestimmung über sich selbst ausschließt, kann man auch von ihm sagen: ›das Nichts des Zen ist nicht irgend etwas‹, oder anders ausgedrückt: ›das Nichts des Zen ist Nichts‹. Dennoch liegt hier keineswegs dasselbe Nichts vor wie beim Nichts im Sinne einer Negation der Aussage. Wäre es nur dies, so gäbe es keine Veranlassung, es eigens das Nichts des Zen zu nennen.

Das Nichts des Zen-Buddhismus ist auch nicht eine bloße Idee wie im dritten Beispiel. Das Nichts als Idee bedeutet weder das Nichts im Sinne des Nicht-Daseins noch das Nichts als Negation der Aussage, sondern das Nichts überhaupt. Genauso wie das Sein als Idee weder ein Vorhandensein noch eine Aussage über das Vorhandensein bedeutet, sondern eben das Sein an sich ist.

Das Nichts, das in dem Ausdruck ›Sein und Nichtsein‹ gemeint ist, oder in ›das Sein ist kein Nichtsein, das Nichtsein ist kein Sein‹, ist weder ein Nichtvorhandensein, noch stellt es eine negative Aussage über etwas dar, sondern es ist das Nichtsein als solches, also das Nichts als Idee. Dieses Nichtsein steht aber notwendigerweise im Gegensatz zum Sein. Sein ist nicht Nichtsein, Nichtsein ist nicht Sein. Es kann nicht etwas zugleich sein und nicht sein. Das so definierte Nichtsein oder Nichts ist, wie das Sein, eine der logischen Kategorien, die für die Erkenntnis der Dinge oder für ein Urteil über sie unentbehrlich sind und durch die a priori das Sein oder Nichtsein einer konkreten Sache bestimmbar wird. Unter dieses Nichts als Idee fällt das von Parmenides abgelehnte Nichts des leeren Raumes im Gegensatz zum Sein, das den leeren Raum füllt, oder das Hegel'sche Nichts, das in Einheit mit dem Sein ein Werden erlaubt. Allein, das Nichts des Zen wird auch von diesem Nichts als Idee noch nicht erfaßt; denn es ist weder ein Nichts als eine Form a priori, noch ein Nichts als etwas, das durch ein anderes negativ bestimmt wird. Es ist nicht ein Aspekt des Nichts, der das Nichts gemäß dem Ausdruck ›Sein und Nichtsein‹ einem Sein gegenüberstellt, sondern das Nichts des Zen schließt eine Definition nach Sein und Nichtsein völlig aus. Das kann man auch ausdrücken durch: ›Die Wahrheit gehört weder dem Sein noch dem Nichtsein an‹.

Im einundzwanzigsten Kapitel des Nirvāna-Sutra (chinesisch: Nieh-p'an-ching) heißt es:

»Die Buddhanatur ist weder Sein noch Nichtsein.«

Auch im zweiten Teil des Pai-lun ist zu lesen:

»Alles – Sein wie Nichtsein – ist Nichts. Deshalb lehrt jede buddhistische Lehre (Dharma), daß in unserem wahren Wesen alles – Sein wie Nichtsein – Leere ist. Und warum? Weil, wenn das Sein nicht ist, auch das Nichtsein nicht sein kann. Aus diesem Grunde ist alles – Sein und Nichtsein – Nichts.«

Auch im Chao-lun, chinesischen Abhandlungen über den Buddhismus aus dem 5. Jahrhundert, wird auf nichts anderes hingewiesen als auf das ›absolute Nichts‹, das sich jenseits von Sein und Nichtsein befindet.

Das Nichts des Zen ist auch nicht das eingebildete Nichts

des vierten Beispiels. Wir können uns wohl vorstellen, daß der Tisch, der jetzt und hier vor uns steht, nicht ist. Wenn ich meiner Einbildungskraft freies Spiel lasse, so kann ich in Gedanken den Tisch verschwinden lassen, obwohl er tatsächlich vor meinen Augen steht. Wenn man sich also in die Vorstellung hineinsteigert, daß etwas da ist, so ist es möglich, daß dem Auge sichtbar wird, was in Wirklichkeit nicht existiert; und umgekehrt, wenn man sich einbildet, daß etwas nicht da ist, kann es geschehen, daß den Augen entschwindet, was tatsächlich existiert. Es erscheint einem zuletzt, als ob alle Dinge wie Tische, Stühle, Fußboden, Haus, Erde, Himmel, Leib und Seele, die doch Wirklichkeiten sind, nicht da wären. So kann man in der Einbildung tatsächlich eine Art Leere erleben. Ebenso wie man durch die Versenkung in das Buddhabild, das heißt, indem man sich mit ganzer Kraft auf die Gestalt des Buddha konzentriert, schließlich dazu kommt, daß man Buddha mit offenen Augen vor sich sieht. Auch in diesem Anschauen des Buddha kann man etwas wie Leere erfahren, doch ist das nur eine äußerlich geschaute Leere. Parallel zu den Begriffen ›die Anschauung Buddhas‹ oder ›die Anbetung Buddhas‹ könnte man das auch die Anschauung oder die Anbetung des Nichts nennen. Aber auch dieses äußerlich geschaute Nichts liegt fernab vom Nichts des Zen-Buddhismus, da dies ja sonst nichts anderes wäre als ein subjektiv erdachtes Objekt.

Vom Nichts des Zen-Buddhismus aus gesehen, ist die äußerlich geschaute Leere ebensowenig die wahre Leere, wie der in der Einbildung geschaute Buddha der wahre Buddha ist. Das Nichts des Zen ist nicht ein aus passiver Haltung heraus angeschautes Objekt, sondern vielmehr das selber schauende Herz. Doch erschöpft sich dies auch nicht im bloßen aktiven Schauen, vielmehr ist es das aktiv und passiv

zugleich und mit dem Objekt identische Subjekt des Nichts.
Im Ch'uan-hsin fa-yao von Huang-po steht:
»Der gewöhnliche Mensch klammert sich an das Objekt, der Suchende zieht das Herz vor. Wer beides, Herz und Objekt, vergessen hat, dem erst offenbart sich die absolute Wahrheit.«
Auch Lin-chi sagt:
»(In diesem Zustand) vernimmt man den Urgrund der absoluten Wahrheit.«
Auf die Frage eines Mönches:
»Sage mir, wie kann man die Buddhanatur schauen«, antwortete Ta-chu:
»Das Schauen selbst ist die Buddhanatur.«
Werden ›Herz‹ und ›Schauen‹ voneinander getrennt und damit zum Objekt, so ist es nicht mehr das wahre Herz und nicht mehr das wahre Schauen. Man sollte also sagen wie P'ang Kung:
»Man trachte nur danach, sich von den Dingen frei zu machen, und sehe sich vor, daß man nicht das Nichts für Substanz hält.«
Das Nichts des Zen ist auch nicht das in der Unbewußtheit erfahrene Nichts des fünften Beispiels. Die Zustände des Schlafes, der Ohnmacht und des Todes sind an sich nicht dasselbe, doch gleichen sie sich im Hinblick auf die Unbewußtheit. Für uns ist in einem solchen Zustand alles wie ausgelöscht, nicht nur die Dinge der Natur, auch unser Leib und unsere Seele scheinen nicht mehr gegenwärtig. Einen solchen Zustand könnte man den Zustand des Nichts nennen. Aber dieser Zustand entsteht ja nur daraus, daß unser Bewußtsein ausgesetzt hat und wir dadurch nichts mehr erkennen können. Auch das Nichts ist uns dann nicht bewußt. In dieser Hinsicht besteht ein Unterschied gegenüber dem eingebildeten Nichts des vierten Beispiels. Beim eingebilde-

ten Nichts wird das Bewußtsein zum Zweck des Einbildens aktiviert, und das Nichts steht als Objekt vor uns. Im Fall des Nichts der Unbewußtheit aber kann das Nichts nicht zum Objekt werden, weil das Bewußtsein nicht tätig ist. Aber das Nichts des Zen-Buddhismus ist kein solches Nichts. Es ist ein Zustand völliger Klarheit, der uns mit intensivster Deutlichkeit bewußt wird. Obwohl dieser Zustand mit äußerster Deutlichkeit von uns erkannt wird, ist uns dabei das Nichts als Objekt nicht bewußt, sondern der Erkennende und das Erkannte sind sich als Eins bewußt. Das heißt, das zenbuddhistische Nichts erkennt sich selbst als das Nichts, in dem Subjekt und Objekt untrennbar vereint sind. In diesem Sinne kann man sagen, das Nichts des Zen erkennt sich selbst, indem der Mensch sich seiner selbst bewußt wird. Von einem Nichts in einem Zustand der Unbewußtheit kann also hier keine Rede sein. Wäre es ein Nichts, das man in der Unbewußtheit erfahren könnte, so gelänge es uns leicht, dies durch Schlaf, Ohnmacht oder Tod herbeizuführen. Zwar nennt man dieses zen-buddhistische Nichts bald ›Nicht-Herz‹, bald ›Nicht-Reflexion‹, bald ›Großer Tod‹, bald ›Nirvāna‹, aber all das bedeutet nicht Unbewußtheit wie im Schlaf, in der Ohnmacht und im Tod. Im Gegenteil, der Zustand des ›Nicht-Herzens‹ oder der ›Nicht-Reflexion‹ ist so klar und hell wie kein anderer; er ist frei von jeglicher Trübung wie ein unbefleckter Spiegel, wie der klare Herbstmond. In keinem Zustand ist man so wach und so bewußt wie im Zustand des ›Nicht-Herzens‹ oder der ›Nicht-Reflexion‹. Kein Augenblick ist so voll des Lebens wie der, da man in den ›Großen Tod‹ eintritt. Gewiß, Pai-chang Huaihai sagt:

»Reinige den Geist von aller Lehre (Dharma)«

und Huang-po:

»Beides vergaß ich, das Ich und das Nicht-Ich.«

Aber das hat nichts mit Geistesabwesenheit zu tun; im Gegenteil, es ist das Große Erwachen, bei dem nicht der geringste Schatten einer Unbewußtheit zurückbleibt. Auch wenn Pai-chang Huai-hai sagt:

»Das Herz ist wie Holz und wie Stein und unterscheidet sich davon in keiner Weise«

und Huang-po sagt:

»Innen und Außen, Körper und Geist, das alles soll man aufgeben«,

oder wenn Dôgen sagt:

»Herz und Bewußtsein soll man außer Tätigkeit setzen«,

so bedeuten alle diese Aussprüche weder, daß man das Bewußtsein ausschalten müsse, um wie Holz und Stein zu werden, noch daß man Körper und Geist aufgeben und sterben solle, um das Bewußtsein zum Verschwinden zu bringen. Bodhidharma belehrte Hui-k'o, den zweiten Patriarchen des Zen-Buddhismus:

»Nur wer sich außerhalb des Karma stellt, im Innern frei ist von Durst und dessen Herz gleich einer einsamen Mauer steht, kann den Weg der Wahrheit betreten.«

Aber auch er meint damit nicht, daß man das Bewußtsein ausschalten müsse, und Hui-k'o begriff in der Tat den Sinn der Worte seines Lehrers und lehrte selbst, daß man sich immer den Zustand ›Äußerster Klarheit‹ und ›Nicht-Herz‹ bewahren solle.

In der alten europäischen Mystik versteht man unter ›Ekstase‹, was wörtlich ›außer sich sein‹ bedeutet, einen Zustand der göttlichen Eingebung oder Besessenheit, bei dessen Eintreten die Möglichkeit einer Orakelverkündung als einer Auslegung des Willens Gottes aus dem Unbewußten besteht. Das Nichts des Zen kann man deshalb weder als Ekstase noch als Unio Mystica im Sinne der personalen Mystik bezeichnen, da es sich hier nicht um eine göttliche Eingebung oder ein Besessensein handelt, sondern um einen in voller Klarheit erlebten, aus Samādhi, der Versenkung, entspringenden Zustand der Bewußtheit, in dem Subjekt und Objekt untrennbar vereint sind. Das Samādhi des zenbuddhistischen Nichts wird auch bezeichnet als die echte Versenkung in die absolute Leere (das echte Sūnyatā-Samādhi), als die Versenkung in die absolute Wahrheit (das Būtha-Tathatā-Samādhi), als die Versenkung der Könige (das Rāja-Samādhi), als die Versenkung in die einzige Erscheinung (das Laksama-Samādhi) oder als die Versenkung der eineinzigen Aktion (das I-hsing-Samādhi).

In diesem ersten Teil meiner Abhandlung habe ich nun fünf verschiedene Aspekte des ›Nichts‹ herausgestellt und mich bemüht nachzuweisen, daß sie in jedem einzelnen Fall nicht dem Nichts des Zen entsprechen. Dennoch bestehen so starke Ähnlichkeiten, daß es zu falschen Interpretationen kommen muß. Dies ist aber andererseits auch der Grund dafür, daß die oben angeführten Definitionen trotz aller Unzulänglichkeiten immer wieder herangezogen werden, wenn man versuchen will, das im tiefen Erlebnis des Nichts unmittelbar Geschaute in Worte zu fassen; denn es gibt keine andere Möglichkeit, über das zen-buddhistische Nichts Aussagen zu machen.

Dieses Nichts der lebendigen Fülle ist zwar eindeutig von dem Nichts der Negation des Vorhandenseins verschieden, trotzdem kann man es am ehesten umschreiben mit ›nicht irgend etwas ist vorhanden‹ oder mit ›alles was ist, ist Nichts‹. Obgleich es auch von dem Nichts als Negation der Aussage verschieden ist, läßt es sich doch ausdrücken durch ›es ist nicht dieses oder jenes‹ oder auch durch ›es ist nicht irgend etwas anderes‹ oder durch ›es liegt außerhalb aller Aussageweisen und Negationen‹. Es ist auch vom Nichts als Idee verschieden, kann aber negativ dargestellt werden durch Worte wie Nichts, Leere, kein, nicht. Es ist auch vom Nichts als Einbildung verschieden; aber auch das kann man heranziehen mit ›Befreie dich von allen irdischen Gedanken und tritt in das Samādhi des Nichts ein‹ oder ›Betrachte das Nichts‹. Es ist auch vom Nichts als Unbewußtheit verschieden; trotzdem lassen sich die Ausdrücke Nicht-denken, Nicht-Herz, Nicht-Reflexion, ›wie Holz und Stein‹, ›Großer Tod‹, Nirvāna darauf anwenden. Ohne daß man diese Aspekte des alltäglichen Nichts-Begriffs als Mittler heranzieht, ist das Nichts des Zen kaum in Worte zu fassen. Alle Erklärungsversuche müssen aber scheitern, wenn man das Nichts des Zen nicht unmittelbar in sich selbst erfahren hat. Auch Huang-po drückt das aus, indem er sagt:

»Diese Wahrheit ist natürlich und echt, sie hat eigentlich keinen Namen. Doch da der Mensch unwissend und im Wahn befangen ist, erscheinen manche Buddhas wieder auf Erden und geben ihr einen provisorischen Namen. Ihr sollt Euch aber nicht der Gefahr aussetzen, an Namen oder Worten festzuhalten und damit die Wahrheit zu verkennen.«

Haftet man derart an begrifflichen Ausdrücken und erforscht immer nur den Buchstaben, so wird man das Nichts des Zen auch in drei Weltaltern nicht begreifen. Es ist nur durch die eigene unmittelbare Erfahrung zu erfassen. Zwar trägt jedes Ding das Wissen von seinem Wesen bereits in sich, trotzdem bleibt für das Nichts des Zen die persönliche Erfahrung wesensbedingte Notwendigkeit. Bei den alltäglichen Dingen, die immer etwas Endliches, Bestimmtes darstellen, ist dieses Wissen von ihrem wahren Wesen als Erfahrung an sich schon das, was zu begreifen und in begriffliches Denken umzusetzen ist. Das Nichts des Zen hingegen kann nicht anschaulich gemacht, noch in irgendeiner Weise bestimmt werden. Deshalb ist es nur jenseits allen Begreifens und aller Begriffe zu erfahren. In diesem Sinne kann man sagen, daß die Erfahrung des zen-buddhistischen Nichts sich jeglicher Aussage widersetzt und unmittelbar sein eigenes Wissen vom wahren Wesen ist. Daß sich die Wahrheit von Feuer oder Wasser unmittelbar aus sich selbst erweist, und daß sich die Wahrheit des Zen unmittelbar aus sich selbst erweist, sind trotz des gleichen Wortlautes zwei verschiedene Aussagen. Sind die Objekte des Erkennens Dinge wie Feuer oder Wasser, so ist diese Wahrheit durch begriffliches Denken ganz einfach mit Worten auszudrükken. Wenn es sich aber um Zen handelt, ist eine begriffliche Formulierung völlig ausgeschlossen. Deshalb gilt der Satz, daß sich die Wahrheit aus sich selbst erweise, eigentlich nur in einem Bereiche wie dem des Zen. Erst wenn man dies erkannt hat, wird einem klar, wie sehr das unmittelbare Wissen vom wahren Wesen sich von jedem begrifflichen Denken unterscheidet. Man wird des wahren Wesens in unmittelbarer Schau nur inne, wenn man aufhört, es mit Begriffen erfassen zu wollen. Das Wort aus dem Lêng-chia-ching:

»Der Buddha erklärt mit keinem Wort«

und die von Worten unabhängige absolute Wahrheit des Ch'i-hsin-lun weisen auf diese Unmöglichkeit begrifflicher Unterscheidung hin.

II
DIE POSITIVE ERLÄUTERUNG DES ZEN-BUDDHISTISCHEN NICHTS

Das »Nichtirgendetwas« oder die völlige Unbestimmbarkeit

Wenn sich das Nichts des Zen wesentlich vom bloßen ›Nichts‹ als Negation des Vorhandenseins unterscheidet, warum wird es dann von alters her durch dieses ausgedrückt, so daß das Mißverständnis, es handele sich um ein und dasselbe, immer wieder von neuem genährt wird? Der Grund ist, daß das Nichts des Zen gerade durch diesen Aspekt des gewöhnlichen Nichts-Begriffes am besten veranschaulicht werden kann. Entscheidend ist dafür sein Charakter der völligen Unbestimmbarkeit. Mit diesem Wort wird zum Ausdruck gebracht, daß beim zen-buddhistischen Nichts kein Etwas da ist, das ein Vorhandenes genannt werden könnte. Wenn man sagt, es sei nichts vorhanden, so heißt das nicht nur ganz allgemein, ›nichts ist‹ oder ›alles ist nicht (vorhanden)‹, sondern es heißt auch, im Nichts des Zen gibt es kein Etwas. Das Nichts des Zen stellt aber nicht einen außerhalb meiner Person befindlichen leeren, objektfreien Raum dar, sondern es ist mein eigener Zustand des Nichts, nämlich mein Selbst, das ›Nichts‹ ist. Wenn im Nichts des Zen nichts ist, kann zwangsläufig auch in mir nichts sein. Wenn ich nun sage, in mir ist nichts, so könnte man denken, daß außerhalb meiner etwas sei. Aber dieses ›in mir ist nichts‹ darf nicht dazu verleiten, nach dem gewöhnlichen Sprachgebrauch einer Innenwelt, in der nichts ist, eine Außenwelt gegenüberzustellen; es besagt vielmehr, daß in mir nichts ist, weil es für mich kein Innen und kein Außen gibt. ›In mir ist nichts‹ heißt also nicht, daß in meinem Innern, falls das Ich in Inneres und Äußeres geteilt ist, nichts ist – denn das Ich ist bereits jenseits von Innen und Außen –, sondern es heißt, daß nirgendwo etwas ist. Und das, worin nirgends etwas ist, bin ich selbst. Oder: ich selbst bin das, worin nirgends etwas ist. Das zen-buddhistische Nichts ist das Nirgendwoetwas, das Ich ist, oder umgekehrt: das Ich, das Nirgendwoetwas ist. Spräche man aber von einem Nirgendwoetwas ohne das Ich, dann wäre das nur ein leerer Raum, oder von einem Ich ohne das Nirgendwoetwas, wäre dieses Ich nur eine psychische oder physische Erscheinung; beides aber kann man nicht als das Nichts des Zen bezeichnen.

Der Mensch ist gewöhnlich von den verschiedensten Dingen der Innen- und Außenwelt umgeben. Deshalb ist es unmöglich zu behaupten, nichts sei vorhanden. In der Außenwelt sieht er Farben und hört Stimmen, und er freut sich und er trauert im Innern. Ständig heftet er seine Gedanken an irgend etwas, so daß er sich im Grunde genommen immer einem inneren oder äußeren Objekt gegenüber befindet. Das gewöhnliche Ich ist demnach das Ich, das ständig zu Objekten in Beziehung steht. Dieses Ich kann also dem Von-außen-bestimmt-werden nicht entgehen. Wenn es Farben sieht, wird es abgegrenzt von den Farben; wenn es Stimmen hört, von den Stimmen; wenn es an Böses denkt, von dem Bösen; wenn es an Gutes denkt, von dem Guten. So ist es immer von einem Objekt des Innen oder Außen bestimmt oder davon befangen. Oberflächlich betrachtet, gleicht das scheinbar dem Zustand einer Versenkung, einem Samādhi; aber der Schein trügt: es ist ein Pseudo-Samādhi, das sich von dem wahren Samādhi grundsätzlich unterscheidet. Gleich dem Geist, der ›noch an Gräser und Bäume gebunden‹ ist, steht das Ich innen und außen zu Gegenständen in Beziehung und verändert sich mit diesen; es wird geboren und vergeht. Weil das Ich einen Körper hat, ein Herz hat und von diesen befangen ist, glaubt es, daß es mit dem Tod des Körpers sterbe, mit dem Stillstehen des Herzens vergehe. Das Ich, das von Besitz und Ehre befangen, Besitz und Ehre gleich geworden ist, das Ich, das sogar von Buddha befangen und Buddha gleich geworden ist – das Ich, das vom Nichts befangen und dem Nichts gleich geworden ist, – das Ich, das endlich sogar darin befangen ist, daß nirgends etwas ist, und das dem Nichtirgendwoetwas gleich geworden ist, – dies alles sind Arten des Ich, das gefesselt und gekettet ist. Es ist der Geist, der ›noch an Gräser und Bäume gebunden‹ ist. Nur das Ich, das kein Objekt kennt, das Ich als Nichtirgendetwas, ist von allem unabhängig. Es ist das Ich, das von außen nicht zu bestimmen ist. Wenn nun dies das Ich ist, in dem nichts ist, so könnte man doch meinen, es bleibe noch das Bewußtsein, daß nichts ist. Aber solange es noch ein Bewußtsein in mir gibt, das das Nichts als Objekt zum Inhalt hat, bin ich noch nicht wirklich im Zustand des Nichts. Das echte Nichts bin ich selbst, es ist nicht die Welt meiner Objekte. In dem Augenblick, da es zum Objekt wird, ist es bereits ein Seiendes und somit etwas, das mich gefangen hält. Wenn dem Nichts als Nichtirgendetwas nur der kleinste Schatten von Objekthaftigkeit anhaftet, ist es schon ein Etwas. Nur wenn ich wirklich und wahrhaftig gar nichts bin, bin ich völlig ungefesselt und unbegrenzt, frei und von nichts mehr befangen. Und weil es für mich dann kein Innen und Außen mehr gibt, durch das ich beeinflußt werden könnte, bin ich ein Einziges. Die Zahl Eins ist eine Einheit, aber es gibt viele davon, und so kann sie nicht einzig genannt werden. Als ein Einziges muß ich also einer sein, in dem nichts ist und der sich jenseits von Innen und Außen befindet.

Der Sechste Patriarch des Zen-Buddhismus, Hui-nêng, sagt:

»Das Herz ist so weit und groß wie der leere Himmelsraum; es ist ohne Grenze und Rand«,
oder:
»Deine wahre Natur ist wie der leere Himmelsraum, und wenn es Dir gelingt, das Nichtirgendetwas zu sehen, so kann das das rechte Schauen genannt werden.«
Im Chêng-tao-ko und im Ch'uan-hsin fa-yao heißt es:
»Das Nichts ist klares Schauen. Es ist das Nichtirgendetwas. Es ist weder Mensch noch Buddha.«
Und dies ist das Ich als das Nichtirgendetwas. Auch was der Sechste Patriarch Hui-nêng als ›das eine aufrichtige Herz‹ bezeichnet, bedeutet nichts anderes. ›Aufrichtig‹ bedeutet hier nicht moralische Aufrichtigkeit, sondern Aufgerichtetheit, Nichtgebundensein an Anderes. Wenn das Herz befangen ist, kann es nicht aufgerichtet sein; es wird bald nach rechts gezogen, bald nach links gekrümmt. Ein Herz, das sich von Farben und Stimmen oder von Falschem und Bösem, aber auch von Wahrem und Gutem in Bann ziehen läßt, kann man nicht das eine aufrichtige Herz nennen. Nur ein Herz, das in sich selbst Nichtirgendetwas ist, kann nicht beschmutzt werden. Nur ein Herz, das sich weder nach der Seite des Guten noch nach der Seite des Bösen neigt, ist das eine aufrichtige Herz. Auch weil es ein Einziges und nicht eine Vielfalt ist, nennt man es das eine aufrichtige Herz. Nur das Herz, in dem nicht irgend etwas ist, kann, wie Linchi sagt, in die Farbe eingehen und wird doch nicht von ihr gereizt, in die Stimme eingehen und wird doch nicht von ihr betört, in das Gute eingehen und wird doch nicht von ihm verführt – es kann tatsächlich eintreten in die Versenkung, in das ›Samādhi des Nichtanhaftens an weltlichen Dingen‹, das ›Samādhi der Freiheit von allem Staub‹ oder das ›Samādhi des wunderwirkenden Spiels‹. Diese einzig wahre Versenkung ist wesentlich von anderen Arten der Versen-

kung verschieden, bei denen man, von den Dingen befangen, ins Schwärmen und Irren gerät. Wohl sind auch solche Meditationsübungen echt, aber sie sind nur individuelle Meditationen oder ›Samadhāya der Erscheinungen‹, da sie nicht den Zustand des ›in mir ist Nichtirgendetwas‹ voraussetzen und sich auf Einzelheiten beziehen wie auf Farben oder Stimmen, auf das Wahre oder das Gute. Dagegen ist ein Herz, das Nichtirgendetwas ist – da es ein Einziges darstellt, ohne Innen und Außen, ohne Grenze und Rand, jenseits der Zweiheit von Objekt und Subjekt – in der ›Versenkung der Einzigkeit‹, in der ›Versenkung der eineinzigen Erscheinung‹ oder ›der eineinzigen Aktion‹. Das ist das Herz im Rāja-Samādhi, in der ›Versenkung der Könige‹. Die ›Versenkungsformen der Vasallen‹ können erst auf Grund des ›Königs-Samādhi‹ auftreten. Ob man von den Dingen gefangen, von ihnen abhängig ist, ober ob man sich in wahrer Selbtvergessenheit in sie versenkt, wird dadurch bestimmt, ob das Königs-Samādhi die Grundlage bildet oder nicht. Deshalb heißt es auch im Ch'i-hsin-lun, das Samādhi der Unermeßlichkeit erstehe auf der Grundlage des Samādhi der eineinzigen Aktion, das heißt auf der Grundlage des Samādhi der absoluten Wahrheit.

In demselben Sinne sagt der Sechste Patriarch Hui-nêng:

»Wenn du Bodhi, das ursprüngliche Wissen, erlangen willst, mußt du in das Samādhi der eineinzigen Erscheinung, der eineinzigen Aktion eintreten. Wenn sich nirgends eine Erscheinung zeigt und du dir den Zustand ›ohne Haß und Liebe, ohne Ergreifen und Loslassen‹ bewahrst, nicht an Vorteil und Nachteil, an Werden und Vergehen denkst und ruhig, still, leicht und zufrieden bist, dann ist das das Samādhi der eineinzigen Erscheinung zu nennen. Wenn du überall und immer, im Gehen und im Stehen, Sitzen und Liegen, ganz reinen aufrichtigen Herzens bist, wenn du nicht vom Buddhaweg abweichst und wirklich das reine Buddhaland erreichst, dann bist du im Samādhi der eineinzigen Aktion.«

Auch Ma-tsu sagt:

»Ich habe nicht einmal das geringste Etwas in mir.«

Das Ich, das er meint, ist das Ich, das dem Nichtirgendwoetwas entspricht. Wie es auch im sechsten Kapitel des Tsung-ching-lu heißt, ist ›nicht das geringste Etwas‹ nicht mit der ›breiten hohlen Leere und völligen Auslöschung und Unwissenheit‹ gleichzusetzen, sondern mit dem Ich, in dem ›nicht das geringste Etwas‹ ist. Im Tôkai-yawa von Takuan steht auch:

»Der Konfuzianer mißversteht das wahre Nichts, ja, er lehnt es sogar ab; denn er hält es einfach für nicht irgend etwas und unterscheidet nicht ... Daß man in seinem Herzen nichts bewahre, nenne ich das wahre Nichts. Aber das Herz ist ein Schauspieler, der jede Rolle spielt ... Daß man das Herz mit keiner Rolle ausfüllt, nenne ich das wahre Nichts ... Das wahre Nichts, von dem ich hier spreche, ist gerade das, was von jeder Rolle und jeder Aufgabe frei ist.«

Das ›wahre Nichts‹, von dem hier die Rede ist, ist nichts anderes als das Herz, das dem Nichtirgendetwas gleicht.

Die Leere

Das Nichts des Zen hat von jeher den Charakter des Nichtirgendetwas. Zugleich ist ihm aber noch ein anderer Zug eigen, den man mit dem Wort ›Leere‹ ausdrücken kann. Warum läßt sich das zen-buddhistische Nichts auch durch den Begriff der Leere umschreiben? Um das zu erklären, möchte ich zunächst auf die Bedeutung des Wortes »Leere« eingehen. Yung-ming sagt im sechsten Kapitel seines Tsung-ching-lu, in dem er aus dem dritten Kapitel des ›Disputs über das Große Fahrzeug des Buddhismus‹ Shih-mo-ho-yen-lun zitiert, daß der Leere zehn Bedeutungen zuzuordnen seien:

Sie ist erstens unbehindert. Das heißt, daß für sie kein wie auch immer geartetes Phänomen ein Hindernis bildet.

Sie ist zweitens allgegenwärtig. Das heißt, daß es keinen Ort gibt, den sie nicht erreicht.

Sie ist drittens unterscheidungslos. Das heißt, daß sie keine Unterscheidung kennt.

Sie ist viertens offen und weit. Das heißt, daß es für sie keine Grenze gibt.

Sie ist fünftens erscheinungslos. Das heißt, daß sie keine für die Sinne erkennbare Erscheinung darstellt.

Sie ist sechstens rein. Das heißt, daß sie unbefleckt und ohne Makel ist.

Sie ist siebentens dauernd und unbewegt, das heißt, daß sie ohne Werden und Vergehen ist.

Sie ist achtens seinsleer. Das heißt, daß sie jenseits allen Ermessens liegt.

Sie ist neuntens leerelos leer. Das heißt, daß sie nicht an sich selbst haftet.

Sie ist zehntens nicht besitzend. Das heißt, daß sie nicht besitzt und auch nicht besessen werden kann.

Bei noch eingehenderer Untersuchung könnte man vielleicht noch weitere Eigenschaften herausfinden, aber ich will mich hier mit diesen zehn Bedeutungen begnügen.

Dem Nichts des Zen sind alle diese Charakteristika der Leere in der gleichen Weise eigen. Deshalb wird es von alters her oft mit der Leere gleichgesetzt. So steht im Kapitel Yeh-tso-chieh des Wu-hsing-lun:

»Das Herz ist rein wie die Leere. Es erfüllt die zehn Richtungen der Welt und reicht überall hin. Keine Berge, Flüsse,

Felsen oder Mauern sind ihm ein Hindernis. Welten so unzählbar wie die Sandkörner im Ganges sind darinnen.«
Das zeigt, daß das ›Herz‹, nämlich das Nichts des Zen, in seinem Charakter den Bedeutungen eins, zwei und sechs der Leere – unbehindert, allgegenwärtig, rein – entspricht.
Im Hsüeh-mai-lun steht:
»Das Herz hat weder Form noch Körper, noch ist es dem Gegenspiel von Ursache und Wirkung unterworfen. Ebenso wie die Leere kann man es nicht fassen.«
Das zeigt, daß das Herz auch von den Merkmalen fünf und zehn der Leere – erscheinungslos und nichtbesitzend – charakterisiert wird.
Im Ch'uan-hsin fa-yao heißt es:
»Das Herz ist von anfanglosem Anfang an nie geboren worden und vergeht nie ... Es gleicht der Leere, die ohne räumliche und zeitliche Begrenzung ist und nicht gewogen und gemessen werden kann.«
Und:
»Das Herz ist unveränderlich, sein Inneres unbeweglich und unerschütterlich wie Holz und Stein, sein Äußeres unbegrenzt und unbehindert wie die Leere.«
Auch im Lêng-chia-ching steht zu lesen:
»Es gibt im Herzen keine meßbare Größe.«
All das zeigt, daß das Herz in seinem Charakter den Bedeutungen eins, vier, sieben und acht entspricht: unbehindert, offen und weit, unbewegt und dauernd, seinsleer.
Im T'an-ching des Sechsten Patriarchen Hui-nêng findet man:
»Das Herz ist wie die Leere und wie diese jenseits der Meßbarkeit«,
und
»Das Herz ist wie die Leere, es ist nicht in einer nihilistischen Idee gefangen.«

Und im Hsin-hsin-ming heißt es:
»Auch nicht ein einziges wird festgehalten.«
All dies zeigt, daß das Herz in seinem Charakter der neunten Bedeutung der Leere entspricht: es ist leerelos leer.
Aussprüche wie ›Bei den Barbaren nimmt es die Erscheinungsform der Barbaren, bei den Chinesen die Erscheinungsform der Chinesen an‹ und ›Es ist gegen jedes Wählen und Unterscheiden‹ besagen, daß das Herz in seinem Charakter der dritten Eigenschaft der Leere entspricht: es ist unterscheidungslos.
Außer diesen zehn Eigenschaften könnte man der Leere vielleicht auch noch weitere Attribute wie ›einzig‹ und ›ohne Innen und Außen‹ beifügen. ›Einzig‹ bedeutet, daß die Leere ein Einziges ist; es gibt sie nicht zweimal. ›Ohne Innen und Außen‹ heißt, daß es für die Leere kein Außen gibt, nur ein Innen, das man aber trotzdem nicht als Innen bezeichnen darf; denn ohne ein Außen als Gegenpol liegt es jenseits der gewöhnlichen Begriffe von Innen und Außen.
Man kann das Nichts des Zen also dem Einzigkeits-Charakter der Leere entsprechend mit ›das einzige Herz‹, ›das eine aufrichtige Herz‹, ›Nicht-Zweiheit‹, ›die gegenständliche Welt ist eine einzige Erscheinung‹ umschreiben; aber gemäß seiner Eigenschaft ›ohne Innen und Außen‹ auch mit ›eine Kugel strahlenden Lichtes ohne Innen und Außen‹, oder mit ›die Welt der absoluten Wahrheit hat kein Selbst und kein Gegenüber‹, und mit ›Herz, das weder Innen noch Außen noch ein Dazwischen kennt, das weder Richtung noch Ort hat‹.
All das zeigt die große Ähnlichkeit zwischen dem Nichts des Zen und der Leere. Wenn man die folgenden Worte im Ch'uan-hsin fa-yao liest:
»Die Leere reicht in alle zehn Richtungen. Sie ist von Anbeginn an mein eigenes ungeteiltes Herz. Wenn man sich

auch von der Leere losreißen und sie abschütteln möchte, wie könnte man ihr entfliehen?«

oder

»Das Wesen der buddhistischen Lehre, des Dharma, ist Leere. Die Erscheinung der Leere ist vom Wesen des Dharma nicht verschieden«,

so bekommt man sogar den Eindruck, als seien die Leere und das eine Herz ein und dasselbe. Aber natürlich ist das Herz, nämlich das Nichts des Zen, mit der Leere nicht identisch. Doch ist die Ähnlichkeit so stark, daß man beide für ein und dasselbe halten kann. Aber das zen-buddhistische Nichts ist keineswegs etwas Unbewußtes und Unbelebtes, wie es die Leere ist, sondern es ist das Subjekt, das sich ›klar und deutlich‹ selbst erkennt. Deshalb nennt man es auch ›Herz‹, ›Selbst‹ oder ›der wahre Mensch‹.

In dem Allgemeinen Vorwort zum Chan-yüan-chu-ch'üan-chi steht:

»Das Herz ist die wahre Natur. Es ist nicht dasselbe wie die Leere, wie Holz und Stein. Deshalb nennt man es auch Weisheit«,

oder

»Herz ist bloß ein Name. Sein Wesen ist Weisheit. Diese erkennt ihre geistige Natur aus sich selbst. Aber diese Erkenntnis ist nicht mit dem falschen Erkennen gleichzusetzen, das bei Gegenüberstellung eines Objekts aus der Anregung durch dasselbe zustande kommt. Sie hat auch nichts mit der breiten hohlen Leere und der völligen Auslöschung und Unwissenheit gemein.«

Daraus erklärt sich eindeutig, daß das ›Herz‹ nicht einfach mit der Leere, der völligen Auslöschung und Unwissenheit, gleichgesetzt werden darf.

Auch Huang-po gebraucht oft die Wendung ›das Herz ist wie die Leere‹ . . ., man darf aber trotzdem nicht annehmen,

daß er Herz und Leere etwa für ein und dasselbe ansähe. Zwar kann man bei ihm gelegentlich auch lesen:
»Die leere Welt ist von Anbeginn an mein eigenes ungeteiltes Herz« oder »Das Wesen der Lehre, des Dharma, ist Leere«.
Aber dann drückt er seine Meinung wieder eindeutig aus:
»Buddha, das heißt: das Wesen des Dharma, kann mit dem Wort Leere umschrieben werden. Aber es ist nur eine bildhafte Ausdrucksweise, wenn man sagt, das Wesen des Dharma sei Leere oder das Wesen der Leere sei mit dem Dharma identisch«,
oder
»Das Wesen des Buddha ist von Natur untätig still und kann nicht in einzelne Erscheinungsformen aufgeteilt werden. Der Begriff Leere ist nur gleichnishaft darauf anwendbar.«
Aus all diesen Worten geht eindeutig hervor, daß das Wort Leere stets nur zur Versinnbildlichung des Dharma gebraucht wird und daß letzteres sich vom Pantheismus, der die gesamte räumliche Welt einfach Gott gleichsetzt, grundlegend unterscheidet. Um es nochmals zu betonen: das Nichts des Zen-Buddhismus ist mit der Leere nicht identisch; doch erlaubt sein Charakter in vieler Hinsicht die Leere hier als Gleichnis zu verwenden.

Ausgehend von der obigen Definition der Leere möchte ich nun den Charakter des Nichts noch genauer erläutern. Obwohl das Nichts des Zen keinerlei Eigenschaften besitzen kann, bin ich doch wiederum gezwungen, provisorisch eine dem Verstand greifbare Ausdrucksweise zu gebrauchen.

Erstens: Daß das zen-buddhistische Nichts unbehindert ist, heißt, daß es wie die Leere von keinerlei innerer oder äußerer Erscheinung gehemmt oder behindert werden kann. Daraus resultieren seine Unbefangenheit und Freiheit. Das Nichts ist in allem enthalten, und es gibt nichts, was ihm hinderlich sein könnte. Auch in dem Punkt, daß in seinem Innern alles enthalten ist und daß darin doch keinerlei Spuren oder Merkmale zu erkennen sind, gleicht es der Leere.

Zweitens: Daß dieses Nichts allgegenwärtig ist, heißt, daß es sich gleich der Leere ohne Rücksicht auf fern und nah, groß und klein, tief und flach, grob und fein, hell und dunkel über alle psychischen und physischen Erscheinungen erstreckt. Im Gegensatz zur Leere, die sich nur über alles Physische ausdehnt, umfaßt das Nichts des Zen auch noch die gesamte psychische Welt. So kann man sagen, daß es etwas wahrhaft Allgegenwärtiges ist.

Drittens: Daß dieses Nichts unterscheidungslos ist, heißt, daß es kein Wählen und Unterscheiden kennt und von nichts berührt wird. Es nimmt Reines und Beflecktes in derselben Weise auf, behandelt Hohes und Niedriges gleich, begegnet dem Guten und dem Bösen in gleicher Weise, hält Wahres und Falsches für ein und dasselbe, läßt Heiliges und Profanes zusammen wohnen, nimmt nichts an und stößt nichts ab, genau wie die Leere.

Viertens: Daß dieses Nichts offen und weit ist, heißt, daß es ein Einheitliches ist und kein Anderes oder Außen kennt. Da es von keinem Anderen eingeengt werden kann, ist es unbegrenzt und unbestimmbar. Es besitzt nicht nur räumliche Unbegrenztheit wie die Leere, sondern auch zeitliche Unendlichkeit. Man kann sogar sagen, daß sich die räumliche Unbegrenztheit sowie die zeitliche Unendlichkeit aus der urräumlichen und urzeitlichen Unbeschränktheit des Nichts ableiten. Wenn Buddha unendlich und unbegrenzt zu nennen ist, so kommt das daher, daß der wahre Buddha nichts anderes ist als das Nichts des Zen.

Fünftens: Daß dieses Nichts erscheinungslos ist, heißt, daß es weder im Raum als eine physische Form noch in der Zeit als eine psychische Erscheinung auftritt, während im Gegensatz dazu nach der gewöhnlichen Vorstellung das Physische eine Form hat, nicht aber das Psychische. Von der Erscheinungslosigkeit des zen-buddhistischen Nichts aus gesehen, muß aber auch das Psychische eine Form haben. Man kann deshalb nicht sagen, daß das, was man gewöhnlich das Herz nennt, also die Psyche, keine Gestalt habe. Außer dem zen-buddhistischen Nichts gibt es nichts, das man wahrhaft erscheinungslos nennen kann.

Sechstens: Daß dieses Nichts rein ist, heißt, daß es weder etwas Physisches noch etwas Psychisches ist und somit unbeeinflußbar, selber nichts Unsauberes noch Schmutziges an sich hat, noch von etwas anderem befleckt oder beschmutzt werden kann. Das, was man gewöhnlich Reinheit nennt, kann man eigentlich nicht als die wahre absolute Reinheit bezeichen, weil jede sogenannte Reinheit bereits etwas Bestimmtes ist. Schon ›bestimmt werden‹ als solches heißt ›befleckt und beschmutzt‹ sein. Was durch ein Attribut bestimmt wird, ist an sich schon befleckt, auch wenn es von nichts anderem befleckt wird. Selbst ein Buddha, als ein Etwas betrachtet, ist an sich schon eine Unreinheit. Es gibt kein Ding, das in Wahrheit rein wäre. Nur das Nichts des Zen-Buddhismus, das jede Möglichkeit des Bestimmtwerdens ausschließt, ist das wirklich Reine und Unbefleckte. Die wahre Reinigung meiner selbst geschieht erst, wenn mein Ich nichts

Physisches noch Psychisches mehr ist und über jede Bestimmbarkeit hinausgeht.

Siebentens: Daß dieses Nichts dauernd und unbewegt ist, heißt, daß es dem Werden und Vergehen nicht unterworfen ist, weil es weder Anfang noch Ende hat und weder entsteht noch vergeht. Es ist auch insofern unbewegt, als sich in ihm alle Richtungen wie rechts, links, oben und unten aufheben und es sich nach keiner Richtung hin bewegen kann. Die Unbewegtheit gegenüber der Bewegung ist ein bloß vorübergehender momentaner Zustand und kann deshalb nicht mit wahrer Unbewegtheit gleichgesetzt werden. Wahre Unbewegtheit aber ist etwas Einheitliches, das jede Bewegungsmöglichkeit ausschließt. Wenn sich Unbewegtheit nicht über Raum und Zeit erstreckt und diese in sich einschließt, ist sie nicht wahre Unbewegtheit. Nur die wahre Unbewegtheit ist absolute Ruhe und Stille des Herzens. Solange das Ich noch mit Körper und Herz in der gewöhnlichen Weise lebt, kann es diese Unbewegtheit nicht erreichen.

Achtens: Daß dieses Nichts seinsleer ist, heißt, daß es sich weder nach Gewicht wiegen noch nach Raum messen läßt und daß es keinen Wert besitzt, der durch Normbegriffe wie Wahrheit oder Schönheit zu bestimmen wäre. Es hebt im absoluten Sinne jede Möglichkeit des Messens und Schätzens auf.

Neuntens: Daß dieses Nichts leerelos leer ist, heißt, daß es zwar als das Nichts des Zen ein Nichts ist, daß es aber nicht einem Sein gegenübersteht, sondern jenseits von Sein und Nichtsein weder Seins- noch Nichtseins-Charakter hat. Es entzieht sich jeder Definition und wohnt als subjektives Nichts weder im Sein noch im Nichtsein. Wenn es an sich selbst haften würde, stünde es einem Sein gegenüber und wäre somit nicht das Nichts des Zen. Aus diesem Zug des zen-buddhistischen Nichts ist es auch erklärbar, daß ein wahrer Buddha nicht im Nirvāna wohnen kann; denn ein Nirvāna, das als Ort vorstellbar ist, bedeutet wohl die selige Ruhe gegenüber der Unruhe der Welt; aber es ist nicht das wahre Nirvāna.

Zehntens: Daß dieses Nichts nicht besitzend ist, heißt, daß ihm, da es ein Nichtirgendetwas ist, weder etwas anderes noch es selbst, also gar nichts gehört. Hieraus folgt, daß ein wahrer Buddha nichtbesitzend, nicht besitzbar, absolut arm, ohne Bedürfnis und ohne Ehrgeiz ist.

Das Herz

Da das zen-buddhistische Nichts in mancher Hinsicht der Leere oder dem leeren unendlichen Raum sehr ähnlich ist, wird es oft durch einen Vergleich mit den Eigenschaften der Leere erklärt. Im Grunde kann es aber der Leere nicht gleichgesetzt werden, weil dabei ein wesentliches Merkmal unberücksichtigt bleibt, nämlich die Herz-Natur des Nichts. Denn das zen-buddhistische Nichts hat einen Charakterzug, den wir gewöhnlich ›Herz‹ nennen. Dieser Begriff ›Herz‹ läßt sich mit Leere oder unendlichem Raum nicht erschöpfend vergleichen. Außer den Menschen, so heißt es, haben auch die höher entwickelten Tierarten ein Herz, und selbst bei den niederen Lebewesen ist der Keim eines Herzens zu erkennen. Die Leere dagegen besitzt gar kein Herz und auch nichts, was in irgendeiner Weise Leben genannt werden könnte, während selbst noch der Mikrobe Leben cigen ist.

Von diesem Gesichtspunkt aus ist also die Leere für einen Vergleich mit dem zen-buddhistischen Nichts am wenigsten geeignet. Im Hinblick auf das Leben wäre die Mikrobe ein besseres Vergleichsobjekt. Denn das Nichts des Zen ist nicht leblos wie die Leere, sondern im Gegenteil etwas ganz Lebendiges. Es ist nicht nur lebendig, sondern hat auch Herz und ist sich darüber hinaus seiner selbst bewußt. Somit erfüllt das Herz alle Bedingungen für einen Vergleich mit dem zen-buddhistischen Nichts. Im Zen-Buddhismus sagt man: ›Des echten Gesetzes Auge und Schatz, Nirvāna, wunderbares Herz‹, oder: ›mit dem Finger auf das eigene Herz weisend wird man im Anblick seiner eigenen Natur zum Buddha‹, oder ›unmittelbare Übermittlung von Herz zu Herz‹, oder ›das aufrichtige Herz ist der Ort der Übung‹, oder ›das eigene Herz ist Buddha‹, oder ›das Herz eben ist es, das Buddha heißt‹, oder ›außerhalb des Herzens ist keine Wahrheit‹, oder ›reines Herz‹, ›unfaßbares Herz‹. ›Herz-Dharma‹, ›Herz-Natur‹, ›Herz-Ursprung‹, ›Herz-Zustand‹, ›Herz-Wesen‹. Alle diese Ausdrücke weisen auf die Herz-Natur des zen-buddhistischen Nichts hin. Nicht nur im Zen-Buddhismus, sondern im Buddhismus ganz allgemein, zieht man für den wahren Buddha die Leere zum Vergleich heran, gebraucht dazu aber auch Ausdrücke wie Herz-Wesen und Wesen der Selbsterkenntnis. Das bedeutet, daß die Buddha-Natur Herz-Charakter hat.

Obgleich das Nichts des Zen also Herz-Charakter hat, darf man es nicht dem gleichsetzen, was wir gewöhnlich Herz, — Seele, Psyche — nennen; sondern der Herz-Aspekt dieses Nichts ist in seiner Bedeutung wiederum der oben erwähnten Leere vergleichbar. Denn dieses Herz besitzt wie die Leere die bereits genannten Eigenschaften: es ist unbehindert, allgegenwärtig, unterscheidungslos, offen und weit, erscheinungslos, rein, unbewegt, seinsleer, leerelos leer, nicht besitzend, ein Einziges und ohne Innen und Außen. Da das, was wir gewöhnlich Herz nennen, diese Merkmale der Leere nicht besitzt, sagt man zur Unterscheidung davon seit jeher: ›Das Herz des Nichts ist wie die Leere‹. Zwar heißt es: ›ein wahrer Buddha ist wie Holz und Stein, Nicht-Herz, Nicht-Reflexion und frei von allem Wahn‹, oder ›ohne Gedanken an Gut und Böse‹, oder ›im Zustand des Nicht-Denkens und Nicht-Wägens‹, oder ›die Funktion des Bewußtseins anhalten‹, oder ›wahres Wissen ist frei von Wissen, wahres Erwachen ist Nicht-Erwachen‹, oder ›wahre Natur ist Nicht-Werden und Nicht-Vergehen, ist ohne Geburt und Tod‹. Aber das alles bedeutet nicht etwa, kein Herz, keine Selbsterkenntnis oder kein Leben haben wie Holz und Stein. Das bedeutet im Gegenteil, daß das gewöhnliche Herz, das wir haben, wie unsere gewöhnliche Erkenntnis und unser gewöhnliches Lebens, nicht das wahre Herz, die wahre Erkenntnis, das wahre Leben sind; denn das wahre Herz, die wahre Erkenntnis, das wahre Leben, haben alle den Charakter der Leere. Ein wahrer Buddha ist nicht ohne Herz, sondern er hat das Herz des Nicht-Herzens und Nicht-Denkens; er ist nicht ohne Erwachen, sondern er hat das Erwachen des Nicht-Erwachens; er ist nicht ohne Ich, sondern er hat das Ich des Nicht-Ich; er ist nicht ohne Leben, sondern er hat das Leben, das nicht geboren wird und nicht vergeht.

Unser gewöhnliches Herz ist voll von Hemmungen und Behinderungen, es ist begrenzt in seiner Reichweite, unterscheidet und klassifiziert, es ist eine Erscheinung, es ist befleckt, es unterliegt dem Werden und Vergehen, es kennt Maße, es ist greifbar, es hat ein Innen und Außen und sonst noch vielerlei. So kann man erst zum Buddha werden, nachdem man sein Herz geordnet hat und zurückgekehrt ist zum eigentlichen wahren Herzen, das wie die Leere des zen-buddhistischen Nichts ist. Die zen-buddhistische Versenkung, in der Körper und Geist von einem abgefallen sind, ist nichts anderes als die Realisierung eines wahrhaft leeren Herzens. »Das Herz eben ist Buddha. Das Herz formt Buddha. Man muß wissen, Buddha ist nichts anderes als das Herz, und außer dem Herzen gibt es keinen anderen Buddha«, so, wie es hier das Wu-liang-shou-ching beschreibt, ist es das Herz, das der Leere gleicht. Von solcher Beschaffenheit ist das Herz, das das Nichts des Zen-Buddhismus kennzeichnet.

Das Selbst

Das Nichts des Zen kann man also als Herz bezeichnen. Doch es ist nicht ein Herz, das mir als Objekt gegenübersteht, sondern ein Herz, das in mir zum Subjekt geworden ist. Zweifellos bin ich dieses Herz. Und dieses Herz ist kein sichtbares, sondern ein sehendes Herz, das heißt, es sieht aktiv, ist aber passiv nicht zu sehen. Aktives Sehen bedeutet hier selbstverständlich nicht ein Sehen mit dem Gesichtssinn, sondern Aktivität als Subjekt aller körperlichen und geistigen Funktionen. Das Sehen des Herzens ist aktiv in dem Sinne, daß all diese Funktionen durch dieses Herz gesehen werden müssen. Es ist also aktiv als ein einheitliches Subjekt aller Funktionen. Man könnte nun vielleicht denken, daß das Herz nur innerhalb der Dualität von aktiv und passiv aktiv sei. Aber da diese Aktivität des Herzens kein auf ein Objekt Gerichtetsein bedeutet, sondern subjektives Sein, ist sie von der Passivität nicht zu unterscheiden. Somit besteht in diesem Herzen keinerlei Unterschied zwischen aktiv und passiv. Aber es wird oft falsch aufgefaßt als eine von Passivität ungetrennte Aktivität und als Objekt gegenständlich gesehen. Es ist ein subjektives Dasein, das keine objektbezogene Aktivität besitzt.

Das Herz, von dem hier die Rede ist, ist also nicht das Herz im gewöhnlichen Sinn, sondern das Herz, das zugleich Buddha ist. Dieses Buddha-Herz wird oft als transzendentes Objekt gesehen oder zu uns als Objektivierung des Anderen in Beziehung gesetzt. Wenn es wirklich als Gegenstand unserer Empfindung wahrgenommen werden könnte, wäre es etwas ganz Normales. Aber auch Buddha, wenn er zum Gegenstand des Gefühls, des Glaubens, des Willens oder der Vernunft wird, muß als eine Objektivierung des Anderen bezeichnet werden. In diesem Falle sind wir aber nicht selbst Buddha, sondern stehen Buddha gegenüber. Das Ich, das dem Buddha gegenübersteht, ist aber nicht das subjektive Selbst. Trotz dieser Erkenntnis werden in der Religion wie in der Metaphysik Gott oder Buddha meist gegenständlich als ein Anderes betrachtet. Wie Gott in der christlichen Religion, so wird sehr häufig auch im Mahāyāna-Buddhismus Buddha als das Andere, Gegenüberstehende angesehen. Wenn in der Sicht der Glaubensreligionen Gott oder Buddha den einzelnen Menschen in gewissem Sinne lenkt und der Mensch ihm deshalb folgt und sich ihm hingibt, so bedeutet das nichts anderes, als daß damit Gott oder Buddha nicht nur gegenständlich als das Andere aufzufassen sind, sondern daß sie das Andere, Gegenüberstehende und zugleich mein eigenes Subjekt sind. Wenn es in der Bibel heißt: »Ich lebe, doch nicht ich lebe, sondern Christus lebt in mir«, oder die Jôdo-Shin-Sekte fordert, daß man nicht nach eigenem Ermessen handeln, sondern sich dem Buddha-Amitābha anheimgeben soll, dann kann man hier Christus und Amitābha als das Andere und zugleich als das Subjekt bezeichnen, das dem Menschen das wahre Leben verleiht. Aber der Herz-Buddha, von dem ich hier spreche, ist nicht das Subjekt des Anderen, Gegenüberstehenden, sondern ein Subjekt, bei dem dieses Andere zugleich mein eigenes Selbst ist. Es ist auch nicht das

Subjekt als naives eigenes Selbst des neuzeitlichen Humanismus, sondern eben das Subjekt, bei dem das Andere zugleich das eigene Selbst ist. Der Herz-Buddha kann nicht etwas sein, dem das Ich unbedingt folgen muß, dem es sich hingibt und anvertraut; denn dann wäre der Buddha das den Menschen lenkende Subjekt und würde von innen nach außen transzendieren. Buddha ist aber nicht ein Subjekt, das über mir steht und mich lenkt; er ist vielmehr ein Subjekt, das mein eigenes Selbst ist. Im ersten Falle wäre Buddha gewissermaßen objektives Subjekt und schwerlich als reines Subjekt zu bezeichnen. Demgegenüber wäre er im zweiten Falle ein subjektives Subjekt, das heißt ein reines absolutes Subjekt. Aus diesem Grunde betont man im Zen-Buddhismus besonders die Selbstheit des Buddha, indem man sagt ›Buddha ist das eigene Herz, ist Selbstheit, ist Selbstnatur‹ oder auch ›Buddha soll man nicht zu erkennen suchen, sondern zuerst den Großen Tod sterben‹. In dem Buch Shôbô-genzô, im Kapitel Geburt und Tod, von Dôgen finden sich die folgenden Worte:

»Erst wenn man Leib und Seele losläßt und vergißt und sie Buddha darbringt, erst wenn man sich in das schickt, was von Seiten des Buddha geschieht, kann man sich ohne Mühe für Körper und Geist von Leben und Tod freimachen und zum Buddha werden.«

Wenn man diese Worte vom Gesichtspunkt der Erlösung durch eine äußere Kraft her versteht, wie es die Jôdo-Shin-Sekte tut, und den Buddha als ein objektiviertes Subjekt ansieht, bleibt man an einer oberflächlichen Auslegung haften, die nicht zum wahren Gehalt der Worte Dôgens vordringt. Es ist eine besondere Eigentümlichkeit des Zen-Buddhismus und zugleich der Wesenszug, der ihn vor den anderen Sekten auszeichnet, daß er den Buddha ganz und gar zum subjektiven Subjekt, also zum absoluten Subjekt macht. Es ist wohl

nicht übertrieben zu sagen, daß der Hauptanlaß für den Aufschwung des Zen im Laufe der Geschichte des Buddhismus in der Tatsache zu suchen ist, daß das Zen sich des Herz- und Selbstheits-Charakters des Buddha inne geworden ist und diesen besonders betont hat. In dem Leitwort des Zen: ›mit dem Finger auf das eigene Herz weisend, wird man im Anblick der eigenen Natur zum Buddha‹ wird letzten Endes nichts anderes hervorgehoben als der Herz- und Selbstheits-Charakter des Buddha. Im Hsüeh-mai-lun heißt es:
»Die verblendete Welt weiß nicht, daß ihr eigenes Herz selbst Buddha ist. So läuft sie von sich weg, um Buddha zu suchen und ist den ganzen Tag damit beschäftigt, Amithāba anzubeten und zu verehren. Wo aber sollte denn Buddha sein? Man darf auf keinen Fall solch einer Vorstellung erliegen, sondern muß nur bestrebt sein, sein eigenes Herz zu erkennen. Denn Buddha ist nirgends als im eigenen Herzen.«
Im Liu-tsu T'an-ching von Hui-nêng heißt es:
»Der Buddha in einem jeden Selbst ist der wahre Buddha. Wenn man selbst kein Buddha-Herz hat, wo sollte man dann den wahren Buddha suchen? Euer eigenes Herz selbst ist Buddha, sage ich. Zweifelt nicht daran!«
Im Chêng-tao-ko steht:
»Die ursprüngliche eigene Natur ist der wahre Buddha«, und im Ch'uan-hsin fa-yao:
»Erkenne hier und jetzt, daß dein eigenes Herz ursprünglich Buddha ist. Dann gibt es nichts, was zu erreichen, und keine Übung, die durchzuführen wäre. Das eben ist der höchste Weg der Wahrheit.«
Wenn demgemäß die alten Zen-Patriarchen vor allem betonen, daß sich außerhalb des Herzens kein Buddha befinde, so deshalb, weil sie den Buddha wieder in seinem wahren Wesen erkannt wissen wollten und nur allzugut wußten,

daß die Menschen dazu neigen, ihn außerhalb ihrer selbst zu suchen. Tempelbauten, das Gießen von Buddha-Statuen, das Übersetzen von Sutren, das Schreiben von Kommentaren, Betrachtungen und dergleichen bringen uns dem wahren Buddha nicht näher. Bodhidharma erklärte dem chinesischen Kaiser Wu Ti, all dies bringe kein Verdienst, und er legte eindeutig klar, daß Tempelbauten, Buddha-Statuen, Buddha-Verehrung, Gedenkmessen und dergleichen, – die damals im Buddhismus vorherrschende Tendenz, – kein Weg seien, zum wahren Buddha zu gelangen; er wollte den wahren Buddha als jenseits solchen Verdienststrebens vor Augen führen. – Auch Huang-po sagt:

»Auch die zweiunddreißig Attribute des Buddha sind nur äußere Erscheinungen, und alle Erscheinungen sind Täuschung; selbst die achtzig verschiedenen Merkmale der Vollendeten (Thathāgata) sind nichts anderes als Sinneseigenschaften. Wenn man aber diese Sinneseigenschaften für den wahren Buddha hält, dann gerät man auf den falschen Weg und kann die Vollendeten niemals wirklich sehen.«

Diese Worte bedeuten, daß auch die Thathāgata mit ihren noch so vollkommenen zweiunddreißig Attributen und ihren achtzig verschiedenen Merkmalen doch nur gegenständlich und noch außerhalb des Herzens sind, und somit noch keine wahren Buddhas.

Daß der wahre Buddha weder ein naives Selbst noch ein Anderer, ein Gegenüberstehender ist, daß er kein objektives Subjekt, sondern nur subjektives, also absolutes Subjekt ist, das eben ist aus dem Selbstheits-Charakter des zen-buddhistischen Nichts ersichtlich.

Die Freiheit und Unbefangenheit

Das Nichts des Zen-Buddhismus ist subjektives Subjekt, und das heißt hier: unbefangenes Subjekt. Da es aber verschiedene Arten der Unbefangenheit oder Freiheit gibt, erhebt sich die Frage, welche denn die des zen-buddhistischen Nichts ist.

Im Zen-Buddhismus sagt man oft:

»Wenn du gehen willst, dann geh; wenn du dich setzen willst, dann setz dich.«

oder:

»Wenn du Hunger hast, so iß; wenn du erschöpft bist, so leg dich schlafen.«

Nimmt man diese Ausdrücke wörtlich, dann kann man sie so auffassen, als ob man wirklich alles tun könne, was man wolle. Tiere und kleine Kinder versuchen alles zu tun, was sie tun wollen, alles zu essen, was sie essen wollen, und sie haben es gar nicht gern, wenn man sie daran hindert. Denn Tiere und kleine Kinder begehren unbefangen ihre Freiheit. Aber mit dem Heranwachsen schwächt sich bei den Kindern dieser Freiheitsdrang immer mehr ab. Zuletzt kommen die Menschen sogar an den Punkt, an dem sie beginnen, die Freiheit zu hemmen. Von dem, was sie nicht tun sollen, lassen sie sich abhalten, auch wenn sie es gerne täten; und das, was sie tun sollen, beginnen sie eifrig auszuführen, auch wenn es nicht nach ihrem Wunsch und Willen ist. So kommt es sogar dahin, daß sie freiwillig tun, was sie tun sollen, und freiwillig unterlassen, was sie nicht tun sollen. Im Gegensatz zu der Freiheit, die die kleinen Kinder zu erzwingen versuchen, wollen die Erwachsenen eine Freiheit, die der Kritik und der Kontrolle unterworfen ist. Und eben darin, daß sie sich selbst diese sogenannte Freiheit auferlegen, unterscheiden sie sich von den Tieren und den kleinen Kindern.

Was den Menschen zum vernünftigen Wesen macht, ist seine Fähigkeit, den Freiheitstrieb zu kritisieren und zu kontrollieren, der den Tieren und kleinen Kindern eigen ist. Was die kleinen Kinder wollen, ist die sinnliche Freiheit; was die Erwachsenen anstreben, ist die auf Vernunft begründete Freiheit. Diese vernünftige Freiheit ist das, was Kant Willensfreiheit nennt, und die er in ihrer Vollkommenheit als ›heilig‹ bezeichnet. Auch wenn Konfuzius sagt: ›Ich gehorche dem Willen meines Herzens und übertrete dabei doch nicht das Gesetz‹, so ist auch das die vernünftige Freiheit. Diese vernünftige Freiheit ist die wahre Freiheit des Menschen, und diese zu wollen, ist das, was den Menschen zum Menschen macht. Tugend und Sittlichkeit der Menschen haben das Ziel, diese vernünftige Freiheit zu erlangen. Doch für uns handelt es sich hier um die Frage, ob diese vernünftige Freiheit mit dem übereinstimmt, was man im religiösen Bereich unter Freiheit versteht.

Der religiöse Begriff der Freiheit bedeutet eine Ablehnung der menschlichen Vernunft, ja, er setzt sich sogar über sie hinweg. Im Christentum sagt man, daß die Ursache für die Vertreibung der Menschen aus dem Paradies die Erlangung der menschlichen Vernunft gewesen sei. Auch im Buddhismus wird die menschliche Vernunft in Form des unterscheidenden Verstandes als der Ursprung aller Irrtümer bezeichnet. Da die Vernunft Unterscheidungen trifft, kommt sie niemals über die Dualität hinaus. Es gibt keine Vernunft, die nicht Recht und Unrecht, Gut und Böse, Gemein und Heilig, Welt und Buddha, Sein und Nichtsein einander gegenüberstellt. Die eigentliche Aufgabe der Religion ist es jedoch, über derartige Unterscheidungen hinauszugehen und sich von ihnen zu lösen. Überall da, wo Recht nur als Recht, Unrecht als Unrecht, Gutes als Gutes, Böses als Böses, Schuld als Schuld angesehen wird, besteht kein Grund,

Schuld zu vergeben oder einen bösen Menschen aus dem Zustand des Bösen zu befreien wie im Christentum und in der Jôdo-Shin-Sekte des Buddhismus. Die Erlösung des Sünders muß auf einer Ebene vor sich gehen, die über dem Dualismus von Gut und Böse liegt. Vor allem im Zen soll man Gut und Böse nicht abwägen, soll man noch nicht einmal einen Unterschied machen zwischen Gemeinem und Heiligem, Welt und Buddha. Sogar das heilige Gesetz, Dharma, und erst recht das Gegenteil, das Nicht-Dharma, soll man überschreiten. Die christliche Religion und im Buddhismus wiederum vor allem die Jôdo-Shin-Sekte gehen zwar über Gut und Böse hinaus, aber Gott und Mensch, Buddha und Welt werden durchgehend scharf unterschieden, und Gott und Buddha werden in jedem Fall dem Menschen oder der Welt als transzendente Objekte gegenübergestellt. Da man es im Zen dagegen als ein die Freiheit einschnürendes Band empfände, wenn man Buddha gegenständlich und transzendent außerhalb der Welt ansiedeln würde, versucht man, auch noch Buddha und seine Lehre als Zielpunkte zu überschreiten.

Deshalb sagt (Lin-chi), wenn man in sich einem Buddha begegnet, soll man ihn töten; wenn man einem alten Meister begegnet, soll man ihn töten. Auch in der »Niederschrift von der Smaragdenen Felswand«, dem Pi-yen-lu (Bi-yän-lu) heißt es:

»Verweile nicht, wo Buddha wohnt; denn wenn man dort ansässig wird, wachsen einem Hörner auf dem Kopf (das heißt, man wird zum Dämon). Eile auch schnell vorüber, wo Buddha nicht wohnt; denn eilt man nicht vorüber, so wachsen dort die Gräser (die Sünden) drei Meter hoch.«

Nur in diesem Sinne kann sich die innere Entwicklung zur wahren Freiheit vollenden, die weder von den Menschen noch von Buddha gefesselt oder behindert wird. Dies ist die

Freiheit und Unbefangenheit des zen-buddhistischen Nichts. Im Buddhismus kann sich die wahre Befreiung erst aus dieser Unbefangenheit und Freiheit vollständig entfalten. Hier liegt der Unterschied zur Erlösungslehre des Christentums und anderer Religionen. Zwar scheint, äußerlich betrachtet, die christliche Erlösungslehre der der Jôdo-Shin-Sekte ähnlich zu sein; aber die buddhistische Erlösungslehre der Jôdo-Shin-Sekte unterscheidet sich von der christlichen insofern, als sie letztlich doch in der Freiheit und Unbefangenheit des zen-buddhistischen Nichts wurzelt. Diese Unbefangenheit und Freiheit des Zen möchte ich die absolut subjektive Unbefangenheit nennen. Im Zen erlangt man diese Unbefangenheit durch die Betrachtung der eigenen Natur. Dabei ist die Betrachtung selbst das freie unbefangene Subjekt. Der Sechste Patriarch Hui-nêng sagt:

»Wer einmal seine eigene Natur geschaut hat, kann stehen, wenn er will, und steht nicht, wenn er nicht will; er kann ungehindert kommen und gehen; es gibt für ihn keine Verzögerung, keine Behinderung. Er handelt den Umständen entsprechend, er antwortet, wie es die Frage erfordert. Er geht Verwandlungen ein und verläßt doch nicht seine eigene Natur. So erlangt er das Samādhi der Unbefangenheit und Freiheit und das Samādhi des wunderwirkenden Spiels. Das nennt man die Betrachtung der eigenen Natur.«

Hieraus wird die im Schauen der eigenen Natur begründete Unbefangenheit und Freiheit deutlich. Hui-nêng sagt auch:

»Die Gedanken entspringen der absoluten Wahrheit, der innersten Natur. Obwohl deren sechs Sinne die vier Funktionen: Sehen, Hören, Empfinden und Erkennen haben, wird sie doch von den zehntausend Erscheinungen der Welt nicht beeinflußt. Die wahre Natur ist immer frei.«

Das Anschauen der innersten Natur ist also nicht in allem, und ist doch alles; denn es ist alles sowohl wie nicht alles. Das bedeutet nichts anderes als: Absolute Verneinung ist absolute Bejahung, und absolute Bejahung ist absolute Verneinung. ›Indem man in keiner Erscheinung verweilt, offenbart sich das Herz‹. Das heißt nicht einfach, daß man nirgends weilt, sondern das man nirgends weilt und daß gleichzeitig sich das Herz offenbart. Es heißt auch nicht einfach, daß das Herz sich offenbart, sondern daß das Herz sich offenbart und gleichzeitig nirgends verweilt.

Lin-chi sagt:

»In die Farbe eingehen und doch nicht von ihr gereizt werden, in die Stimme eingehen und doch nicht von ihr betört werden, in den Geschmack eingehen und doch nicht danach begierig werden, in den Duft eingehen und doch nicht von ihm berauscht werden, in die Berührung eingehen und doch nicht davon angesteckt werden, in die Welt des Dharma eingehen und doch nicht von ihr gefangen werden, – das ist die Art der Menschen, die erkannt haben, daß die sechs Erscheinungen: Farbe, Ton, Duft, Geschmack, Berührung und das Dharma nur Äußerlichkeiten sind. Es ist unmöglich, solche an nichts haftenden Menschen an etwas zu fesseln.«

So zeichnet Lin-chi den an nichts haftenden Menschen als das absolut freie unbefangene Subjekt. Ferner sagt er:

»Buddhas Lehre kennt kein Verdienst. Es ist nichts anderes als die täglichen Verrichtungen: seine Notdurft verrichten und Wasser lassen, sich kleiden und essen und, wenn man müde ist, sich schlafen legen.«

Dasselbe besagen auch die folgenden, bereits erwähnten Worte:

»Wenn du gehen willst, dann geh; wenn du dich setzen willst, dann setz dich.«

oder:

»Wenn du Hunger hast, so iß; wenn du erschöpft bist, so leg dich schlafen.«

Dies alles bedeutet, im Sinne des Zen angewendet, nicht einfach willkürliche Freiheit, sondern die von sich selbst losgelöste, von allem unabhängige und an nichts haftende Freiheit und Unbefangenheit.

Die schöpferische Kraft

Wenn man sagt, der Mensch unterscheide sich von den anderen Lebewesen dadurch, daß er sich Werkzeuge schaffen kann, so hebt man damit das Schöpferische als ein Hauptmerkmal des Menschen hervor. Seit Anbeginn beruht die menschliche Kultur auf der schöpferischen Kraft des Menschen, und diese schöpferische Kraft entwickelt sich mit dem Fortschritt der Menschheit in einem Maße, das fast keine Grenzen kennt. Das Voranschreiten der Wissenschaft allein vom letzten Jahrhundert an ist Beweis genug für ihr Ausmaß. Die schöpferische Kraft des Menschen muß gigantisch genannt werden, und doch ist sie von anderer Warte aus betrachtet recht unbedeutend. Zwar kann der Mensch aus Pflanzen Fasern gewinnen, diese zu Garn und Zwirn verarbeiten und daraus Kleider machen, aber die Pflanzen kann er nicht erschaffen. Es gelingt ihm nicht einmal einen einzelligen Mikroorganismus zu erzeugen. Wenn es sich nun gar um die ganze Schöpfung handelt, muß er sein völliges Unvermögen eingestehen. Der Mensch kann nur eine Sache in eine andere umsetzen, aber er kann nichts Ursprüngliches erschaffen. Was er auch hervorbringt, es enthält immer einen Kern, den zu erzeugen er nicht imstande ist. Die schöpferische Kraft des Menschen kann also nicht ursprünglich absolut sein. Im Christentum wird die schöpferische Kraft Gottes als absolut angesehen. So heißt es: Gott habe aus dem

Nichts Himmel und Erde, Pflanzen und Menschen und die ganze Welt erschaffen. Vor Gottes Schöpfung habe es nichts gegeben; und nur, was aus dem Nichts erschaffen wird, kann man wahre Schöpfung nennen.

So können wir den Gott des Christentums als das vollkommene Ideal des Schöpfers ansehen. Scotus Eriugena teilt die Natur in vier Kategorien ein: Das Erzeugende und das Nichterzeugte; das Erzeugte und das Erzeugende; das Erzeugte und das Nichterzeugende; das Nichterzeugende und das Nichterzeugte. Dabei ist der Mensch ein Erzeugter und ein Erzeugender, Gott aber ein Erzeugender und Nichterzeugter. Der Erzeugte und Erzeugende ist zwar ein Erschaffender, da er aber selbst erzeugt ist, kann er nicht der vollkommene Schöpfer sein. Nur bei einem nichterzeugten Erzeugenden kann die schöpferische Fähigkeit als ursprünglich und absolut angesehen werden. Der nichterzeugte Erzeugende ist also der vollkommene Schöpfer; aber das ist für uns nicht zu beweisen. Infolgedessen handelt es sich um ein Wunschbild oder eine Idealisierung von der Erschaffung des Menschen, die erst bewiesen werden müßte; andernfalls bleibt sie einfach eine Hypothese oder ein Glaube. Als bloßes Wunschbild oder Ideal ist sie nichts weiter als eine Schöpfung genannte vollendete Fiktion und besitzt keine wirklich schöpferische Kraft. Bloßer Glaube ist kein Beweis für seine Realisierbarkeit. Eine Idee von einem Schöpfer kann entstehen, aber sie muß Idee bleiben, da sie keine Möglichkeit zur schöpferischen Verwirklichung besitzt.

Im Buddhismus gibt es das Wort:

»Alles, was ist, ist aus dem einzigen Herzen hervorgebracht.«

Das ist nicht ein bloßes Wunschbild oder reiner Glaube, sondern die wahrhafte Bestätigung des einzigen Herzens. Unsere täglich erfahrene Wirklichkeit ist, wie Kant sagt, nicht von unserem Herzen völlig unabhängig und außerhalb desselben existent, wie wir uns das gewöhnlich vorstellen, sondern sie ist das, was aus unserem Herzen entsprungen ist. Wenn wir also, was wir Außenwelt nennen, durch das Wort ›alles, was ist‹ ersetzen, kommen wir zu der Aussage, daß alles, was ist, von unserem Herzen erschaffen wurde, oder daß alles, was ist, aus dem einzigen Herzen hervorgebracht wird. Doch das ›alles hervorbringende Herz‹ des Buddhismus ist Kants sogenanntes ›Bewußtsein überhaupt‹, und das ist nichts anderes als das Herz, das sich zusammensetzt aus dem, was aus dem Kant'schen ›Ding an sich‹ aufgenommen wird vermittels seiner Kategorie ›Bewußtsein überhaupt‹. So ein Herz ist wie ein Spiegel, der alle Dinge, die von außen in ihn einfallen, unverändert widerspiegelt. Was sich im Spiegel spiegelt, ist daher nicht von ihm zu trennen, solange es sich nur durch die Spiegelung selbst verändert. Wenn nur ein Spiegel vorhanden ist, aber nichts, das von außen in ihn einfällt, so kann kein Spiegelbild entstehen; denn aus dem Innern des Spiegels kann kein Bild hervortreten. Aber im Buddhismus kommt das, was sich im Spiegel zeigt, nicht von außen, sondern es entspringt seinem Innern. Es entspringt dem Spiegel selbst, spiegelt sich in ihm wider und tritt damit in Erscheinung; es verschwindet im Innern des Spiegels und hinterläßt beim Vergehen in ihm keine Spur. Im Buddhismus ist das Herz, welches mit ›Alles was ist, ist aus dem einzigen Herzen hervorgebracht‹ gemeint ist, diesem Spiegel gleich. Das sich Spiegelnde kommt niemals von außen, und deshalb ist auch dieses ›Herz‹ von dem Kant'schen ›Bewußtsein überhaupt‹ vollkommen verschieden. Aber ein Spiegel, aus dessen Innerem das Spiegelbild entspringt, kann niemals Wirklichkeit sein; deshalb ist für das Herz des Buddha das Gleichnis vom Spiegel nur ein Notbehelf. So benutzt man im Buddhismus oft den Vergleich mit der Welle, die als Sinnbild für die schöpferische Kraft des Herzens besser geeignet ist. Eine Welle fällt nicht von außen in das Wasser ein, sondern sie entsteht aus dem Wasser, ohne sich von ihm zu trennen; sie verschwindet und kehrt in das Wasser als ihren Ursprung zurück und hinterläßt dabei im Wasser nicht die geringste Spur. Von der Welle aus betrachtet, erhebt sie sich aus dem Wasser und kehrt wieder dahin zurück. Vom Wasser aus betrachtet, ist die Welle die Bewegung des Wassers. Das Wasser bildet eine Einheit mit der Welle, und doch entsteht und vergeht das Wasser nicht mit dem Entstehen und Vergehen der Wellen, noch nimmt es damit ab oder zu. Als Welle zwar entsteht und vergeht das Wasser, doch entsteht und vergeht es nicht als Wasser. So bildet das Wasser tausendfach und zehntausenfach Wellen und bleibt doch in sich selbst beständig und unverändert. Das einzige Herz, aus dem alles hervorgebracht wird, ist dem Wasser gleich. Der Sechste Patriarch Hui-nêng sagt:

»Die eigene Natur ist in ihrem Wesen unbewegt und kann doch zehntausend Dinge hervorbringen.«

und

»Alle zehntausend Dinge sind nicht von der eigenen Natur getrennt.«

Im Yuị-ma-kyô steht:

»Auf dem nirgends weilenden Urgrund (der eigenen Natur) erstehen alle Dinge.«

Diese Worte geben uns Kunde von der Beschaffenheit dieses Herzens. Das Nichts des Zen-Buddhismus ist dieses Herz, das mit dem Wasser als der unveränderlichen Substanz sinnbildlich dargestellt werden kann. Die schöpferische Kraft des Nichts findet im weitesten Sinne ihr Gleichnis in der ursächlichen Beziehung der Welle zum Wasser, aus dem sie besteht. Die entstehende und vergehende Welle, als Subjekt genommen, gleicht dem gewöhnlichen Selbst des Menschen. Daß dieses Subjekt aus der Welle immer wieder in das Wasser als seinen Ursprung zurückkehrt, das eben ist das Wesen des zen-buddhistischen Nichts.

Anmerkungen zu Namen und Titeln sowie einigen wesentlichen buddhistischen Begriffen aus dem Text

(In dieser Aufstellung ist eine Reihenfolge nach dem lateinischen Alphabet angestrebt. Dabei sind die vom Verfasser im Text Chinesisch zitierten Werke unter ihrem chinesischen Namen aufgenommen und notwendige Sanskrit- bzw. japanische Bezeichnungen oder Lesungen zugefügt.)

Buddha Amitābha
阿彌陀

chin.: O-mi-t'o-fo
jap.: Amida-butsu (verkürzt auch: Amida)

»Der Buddha des unermeßlichen Lichtglanzes«. Nach der Legende strebte der fromme Mönch Dharmakara, ein indischer König, der seinen Thron aufgab, nach der Buddhaschaft. Er gelobte aber, er wolle die vollkommene Erleuchtung erst annehmen, wenn er als Buddha in einem überirdischen Reich herrschen werde, in das alle, die an ihn glauben, hineingeboren werden, um dort durch seine Unterweisung das Heil zu erlangen. Sein Gelübde erfüllte sich, und so entstand Sukhāvatī, das ›Land des Glücks;‹ das ›Paradies‹ (chinesisch oft: das ›Westliche Paradies‹ Hsi-t'ien, im Zen-Buddhismus das ›Reine Land‹, chin.: Ching-t'u, jap.: Jô-do (vgl. → Jôdo-Shin-shû).«

Bodhidharma
菩提達磨

chin.: P'u-t'i Ta-mo
jap.: Bo-dai Daruma (verkürzt auch: Daruma)

Bodhidharma wurde nach der Überlieferung als Sohn eines südindischen Königs geboren und kam im Jahre 520 n. Chr. nach China. Er gilt als der Begründer des besonderen Meditations-Buddhismus, Dhyāna-Buddhismus (chin.: Ch'an-Buddhismus, jap.: Zen-Buddhismus) und dementsprechend als der 28. Patriarch Indiens und der erste Patriarch Chinas. Nach der Legende übte er, bereits über sechzig Jahre alt, Meditation, indem er im Shao-lin-Kloster in Nordchina neun Jahre lang auf eine Wand starrte. Damit ihm die Augen nicht zufielen, soll er sich die Oberlider abgeschnitten haben. Deshalb wird er bis heute immer wieder als der Heilige mit dem furchterregenden Blick dargestellt.

Ch'an-yüan-chu-ch'üan-chi

禪源諸詮集

Sammlung von Erklärungen zu den Quellen des Zen-Buddhismus vom 5. Patriarchen der Hua-yen-Sekte (jap.: Kegon-Sekte), namens Tsung-mi (oder auch Kuei-fêng Ch'an-shih genannt), der von 780 bis 840 unter der T'ang-Dynastie in Nordchina lebte.

Chao-lun

肇論

jap.: Jô-ron

Abhandlungen über den Mahāyāna-Buddhismus, verfaßt von dem chinesischen Priester Sêng Chao (jap.: Sô-jô). Er lebte von 384 bis 414 und war ein Schüler das berühmten Kumārajīva aus Kucha in Zentralasien.

Chêng-tao-ko

證道歌

jap.: Shô-dô-ka

»Lied vom Erleben des Weges« von Yung-chia Hsüan-chiao (jap.: Yô-ka Gen-gaku) aus Yung-chia in Südostchina, der von 665 bis 713 lebte.

Ch'i-hsin-lun

起信論

jap.: Ki-shin-ron
vollst. Titel: Ta-ch'êng Ch'i-hsin-lun

Buddhistischer Kommentar zur Einführung in den Mahāyāna-Buddhismus von Aśvaghosa, dem berühmten buddhistischen Dichter aus Mittelindien, der um 100 n. Chr. lebte. Ursprünglicher Titel: Mahāyāna-śraddhopāda-śāstra. Der Text wurde bereits unter der Liang-Dynastie (502—56) und später nochmals unter der T'ang-Dynastie (618—906) ins Chinesische übersetzt.

Ch'uan-hsin fa-yao

傳心法要

jap.: Den-shin hô-yô

Predigtsammlung, die das Wesentliche der Lehre des → Huang-po Hsi-yün enthält.

Dharma

法

chin.: Fa jap.: Hô

Dieses Sanskrit-Wort geht auf ein Verbum zurück mit der Bedeutung ›halten‹. Dieses ›halten‹ wird in zwei Begriffe aufgeteilt, nämlich in das Gehaltene und das Haltende. Das Gehaltene ist das Seiende, und das Haltende ist das, was das Seiende hält (vgl. den westlichen Begriff logos).

Dô-gen

道元

vollst. Name: Dô-gen Ki-gen
Familienname: Kuga

Der Gründer der Sôtô-Sekte des Zen-Buddhismus in Japan stammte aus Kyôto und lebte von 1200 bis 1253. Von 1223–1227 studierte er Zen in China und gründete 1244 in Japan in der Präfektur Fukui den heutigen Eihei-ji als Pflegestätte der Sôtô-Sekte. Er ist der Verfasser des → Shô-bô gen-zô.

Hsüeh-mai-lun

血脈論

Dieses Werk soll von Bodhidharma, dem ersten Patriarchen der chinesischen Zen-Tradition, verfaßt worden sein, was wissenschaftlich aber nicht zu beweisen ist. Als Wesentliches enthält es den Satz: ›Man muß bis zur Anschauung der eigenen eigentlichen Natur kommen‹.

Hsin-hsin-ming

信心銘

jap. Shin-jin-mei

Ein Werk des dritten Patriarchen der chinesischen Zen-Tradition Sêng-ts'an (jap.: Sô-san), der 606 starb. – W. Gundert übersetzt den Titel der Schrift: »Meißelschrift des gläubigen Herzens«.

Huang-po Hsi-yün

黄檗希運

jap.: Ô-baku Ki-un

Zen-Patriarch, der unter der T'ang-Dynastie in Südchina lebte. Er starb 850 und gilt als Verfasser des → Ch'uan-hsin fa-yao.

Hui-k'o

二祖慧可

vollst. Name: Erh-tsu Hui-k'o
jap.: Ni-so E-ka

Der zweite Patriarch der chinesischen Zen-Tradition nach Bodhidharma lebte von 487–593. 520 ging er nach Ch'ang-an in Nordchina. Er soll erst, nachdem er sich den Arm abgeschnitten hatte, von Bodhidharma als Schüler und Nachfolger akzeptiert worden sein.

Hui-nêng

六祖惠能

大鑑惠能

vollst. Name: Liu-tsu Hui-nêng
oder: Ta-chien Hui-nêng
jap.: Roku-so E-nô oder Dai-kan- E-nô

Der Sechste Patriarch (= Liu-tsu bzw. Roku-so, die Bezeichnung ist hier zum Namen geworden) der chinesischen Zen-Tradition gilt als der eigentliche Begründer des chinesischen Zen-Buddhismus. Er lebte von 638 bis 713, wirkte im Norden der südchinesischen Provinz Kuangtung und hatte viele Schüler. Er ist der Verfasser des → T'an-ching.

Jôdo-Shin-shû

淨土眞宗

»Die Wahre Sekte vom Reinen Lande« wurde von dem japanischen Mönch Shinran Shônin 1224 gegründet. In Japan benutzt man für diese Sekte häufig die Abkürzung: Shin-shû ›Die Wahre Sekte‹.

Karma

業因

populär für: Karman
chin.: Yeh-yin jap.: Gô-in

Die »Tat« des Menschen, die durch ihre Wirkungskraft ihren Urheber belastet und zum ewigen Kreislauf möglicher Wiedergeburten führt.

K'ung-(fu-)tzu

孔夫子

latinisiert: Konfuzius jap.: Kô-shi

Der berühmte chinesische Philosoph wurde 551 v. Chr. im Staate Lu (Shantung) geboren. Er war Beamter, wurde in die Verbannung geschickt und entfaltete im Exil besonders rege Lehrtätigkeit. Er starb 478 v. Chr. in seiner Heimat. – Das Zitat im Text stammt aus dem zweiten Kapitel seiner »Gespräche« Lun-yü (jap.: Rongo).

Lêng-chia-ching

楞伽經

jap.: Ryô-ga-kyô

Es ist das Lankāvatāra-Sutra, das Buddha auf dem Lanka-Berg in Südindien oder auf Ceylon gepredigt haben soll.

Lin-chi 臨濟義玄

vollst. Name: Lin-chi I-hsüan
jap.: Rin-zai Gi-gen

Der Gründer der chinesischen Lin-chi-Sekte (jap.: Rinzai-Sekte) des Zen-Buddhismus war Schüler des → Huang-po Hsi-yün und lebte von 854 an im Lin-chi-Kloster in Hopei (Nordchina). Er starb 867. – Seine Lehre wurde Anfang des 13. Jahrhunderts von dem japanischen Priester Eisai in Japan eingeführt.

Mahāyāna 大乘

chin.: Ta-chêng jap.: Dai-jô

Der Sanskrit-Ausdruck hat die Bedeutung »Großes Fahrzeug« im Gegensatz zu Hināyāna, dem »Kleinen Fahrzeug«. Dies sind die beiden Hauptströmungen des indischen Buddhismus. Der Endzweck des Mahāyāna liegt nicht nur in der Errettung des eigenen Ich wie im Hināyāna, sondern darüberhinaus in der Errettung aller Kreatur. Der Mahāyāna entstand zwischen dem ersten und zweiten Jahrhundert nach Christus. Er breitete sich über Zentralasien in China, Korea und Japan aus.

Ma-tsu 馬祖道一

vollst. Name: Ma-tsu Tao-i
jap.: Ba-so Dô-ichi

Chinesischer Zen-Patriarch in der 8. Generation, der von 709 bis 788 unter der T'ang-Dynastie in Südchina lebte.

Nieh-p'an-ching 涅槃經

vollst. Name: Ta-po Nieh-p'an-ching
jap: Dai-hatsu Ne-han-kyô

Gemeint ist damit das Mahāpari-nirvāna-Sutra, das nach der Überlieferung des Mahāyāna-Buddhismus die letzten Unterweisungen Buddhas enthalten soll. Bis auf Sanskrit-Fragmente ist es nur noch in chinesischen Übersetzungen erhalten.

Nirvāna 涅槃

chin.: Nieh-p'an jap.: Ne-han
Bedeutung des Sanskrit-Wortes: »Erlöschen«

Es ist der geistige Zustand, in dem alle Leidenschaften des Menschen zum Erlöschen gebracht sind. In diesem Zustand des Geistes schaut man die Leerheit des Seins.

Pai-chang Huai-hai — jap.: Hyaku-jô E-kai

百丈懷海

Chinesischer Zen-Patriarch und Schüler des Ma-tsu Tao-i. Er lebte von 720 bis 814 in Südchina unter der T'ang-Dynastie.

Pai-lun — jap.: Hyaku-ron

百論

Es handelt sich um das Hauptwerk Sāta-śāstra des Aryadeva, des 15. Patriarchen der indischen Tradition, der im 3. Jahrhundert in Südindien lebte. (Abkürzung seines Namens: Deva, jap.: Daiba.)

P'ang Kung — auch als P'ang Chü-shih (jap.: Hô Koji) bekannt.

龐公〔龐居士〕

Ein berühmter Zen-Laie der T'ang-Zeit, der eigentlich ein konfuzianischer Gelehrter war. Unter Leitung des damaligen Großmeisters → Ma-tsu (jap.: Ba-so) hat er Satori erreicht und das Siegel des Buddhageistes empfangen. Es gibt eine Sammlung seiner Reden in drei Bänden.

Patriarch — chin.: Tsu-shih jap.: So-shi

祖師

Gründer einer buddhistischen Sekte oder Schule oder dessen offizieller Nachfolger.

Pi-yen-lu (Bi-yän-lu) — jap.: Heki-gan-roku

碧巖錄

»Niederschrift von der Smaragdenen Felswand« von dem chinesischen Meister Yüan-wu verfaßt zwischen 1111 und 1115, erstmals in Druck erschienen im Jahre 1300. Verdeutscht und erläutert von Wilhelm Gundert. Band 1–3 erschienen 1960, 1967 und (aus dem Nachlaß des Übersetzers) 1973 bei Carl Hanser, München. – Von den 100 Beispielen des Werkes sind in diesen drei Bänden 68 enthalten.

Rinzai — siehe → Lin-chi

Samādhi — chin.: San-mei jap.: San-mai
oder chin.: San-mo-ti jap.: San-ma-ji

三昧〔地〕

Das Sanskrit-Wort bedeutet:
»Zusammenfügung«
Unter diesem Sanskrit-Begriff versteht man einen geistigen Zustand, in dem das Herz sich ausschließlich auf einen Punkt konzentriert und dabei die vollkommene Ruhe erlangt.

Satori 悟 — chin.: Wu

Das Erwachen zur eigenen Natur des Menschen. – Die Übersetzung ›Erleuchtung‹ für den bei uns aus der japanischen Sprache übernommenen Begriff ist nicht korrekt.

Johannes Scotus Eriugena — Irischer Philosoph und Theologe, der um 845 aus Irland an den Hof Karls des Kahlen nach Frankreich kam und um 877 starb. Er stand gegen die kirchliche Tradition und verfaßte die erste lateinische Übersetzung des Mystikers Pseudo-Dionysios Areopagita. Sein eigenwilliges Hauptwerk »De Divisione Naturae« wurde 1210 von der Kirche verboten. Durch ihn wurde das neuplatonisch-mystische Vokabular abendländischer Gemeinbesitz.

Shih-mo-ho-yen-lu 釋摩訶衍論 — jap.: Shaku ma-ka-en ron

Kommentar zum (Ta-ch'êng) → Ch'i-hsin-lun, der dem großen Philosophen des Mahāyāna-Buddhismus, Nāgārjuna, zugeschrieben wird, welcher um 300 n. Chr. in Südindien lebte. – Die chinesische Fassung wurde im 8. Jahrhundert nach Japan gebracht.

Shô-bô gen-zô 正法眼藏 — »Auge und Schatz des echten Gesetzes«, eines der Hauptwerke des → Dô-gen.

Ta-chu 大珠慧海 — vollst. Name: Ta-chu Hui-hai
jap: Dai-shu (Dai-ju) E-kai

Ein Schüler des Großmeisters → Ma-tsu. Er ist der Verfasser des »Traktats über das Eingangstor zum plötzlichen Erwachen« (ins Englische übersetzt von John Blofeld: The Path to Sudden Attainment, London 1948).

Taku-an 澤庵 — Der Priester der Rinzai-Sekte des Zen-Buddhismus aus der japanischen Präfektur Hyôgo lebte von 1573 bis 1645. Er studierte im Daitoku-ji in Kyôto und wurde später, 1607, Abt dieses Tempels, einem der Zentren der Rinzai-Sekte. 1638 wurde er »Gründer« (jap.: Kai-zan) des großen Zen-Tempels Tôkai-ji, den Tokugawa Iemitsu in Edo (dem heutigen Tôkyô) bauen ließ. – Er ist der Verfasser des → Tô-kai ya-wa.

T'an-ching
〔六祖〕壇經

oder: Liu-tsu T'an-ching

Eine Sammlung von Fragen und Antworten. Der Verfasser ist → Hui-nêng, der 6. Patriarch.

Tathāgata
如來

chin.: Ju-lai jap.: Nyo-rai

»Der so Gegangene oder so Gekommene«, nämlich derjenige, der den Weg der Wandlung ins Unwandelbare selber schon zu Ende gegangen ist. Also: der Vollendete.

Tô-kai ya-wa
東海夜話

»Nachtgespräche aus dem Tôkai-ji«.
Verfasser: → Taku-an

Tsung-ching-lu
宗鏡錄

Ein Werk des Zen-Meisters des Yung-ming-Klosters bei Hang-chou in Südchina namens Yen-chou, der zu Beginn der Sung-Zeit (ab 960) im Jahre 975 mit 72 Jahren starb.

Wu-hsing-lun
悟性論

Diese Schrift wird wie das → Hsüeh-mai-lun dem ersten Patriarchen Bodhidharma zugeschrieben; doch ist auch hier die Verfasserschaft nicht mit Sicherheit nachweisbar. So gehört beispielsweise der Satz ›Aus dem unbewegten Gedanken erwachsen 3000 Gedanken‹ aus dieser Schrift eigentlich in die Doktrin der Tendai-Sekte (chin.: T'ien-tai), die erst etwa fünfzig Jahre nach Bodhidharma in China entstand.

Wu Ti
〔梁〕武帝

oder: Liang Wu Ti

Kaiser Wu der südchinesischen Liang-Dynastie usurpierte als Hsiao Yen 502 den Thron. Er gründete in Südchina die Liang-Dynastie und ging unter dem Kaisernamen Wu Ti als großer Förderer des Buddhismus in die Geschichte ein. Als überzeugter Buddhist zog er sich mehrfach als Mönch von der Regierung ins Kloster zurück. Seine 48jährige Regierungszeit war eine Blütezeit buddhistischer Kunst und Literatur.

Wu-liang-shou-ching
無量壽經

jap.: Mu-ryô-ju kyô

Das sogenannte ›Größere‹ Sukhāvatī-Sutra; eines der drei Amida-Sutren, die das »Reine Land« oder das »Westliche Paradies« beschreiben.

Yeh-tso-chieh 夜坐偈	ein Kapitel des → Wu-hsing-lu.
Yung-ming 永明	Abkürzung für: Zen-Meister Yen-chou vom Yung-ming-Tempel. Er ist der Verfasser des → Tsung-ching-lu.
Yui-ma-kyô 維摩經	chin.: Wei-mo-ching Es ist das Vimalakīrti-nideśa-Sutra, das der berühmte japanische Prinz Shôtoku Taishi studierte und im 7. Jahrhundert in Japan verbreitete als Anleitungen zu einem weltoffenen und doch ernsten Laienbuddhismus. – Die Hauptfigur in diesem Text ist ein wohlhabender Laie und scharfsinniger Philosoph aus der Zeit des historischen Buddha.
Zen 禪	Der Ausdruck kommt von dem Sanskritwort Dhyāna, das im Chinesischen mit Ch'an-na wiedergegeben wurde. Im Laufe der Zeit wurde das ›na‹ weggelassen und der verkürzte Begriff Ch'an benutzt, der im Japanischen Zen ausgesprochen wird. Die Bedeutung des Sanskritwortes Dhyāna ist: Konzentration des Bewußtseins. Der Zen-Buddhismus (Ch'an) wurde in China als eine besondere buddhistische Schule entwikkelt und von dort nach Japan gebracht.
Erklärung:	Die Transkription der chinesischen Wörter folgt mit den üblichen kleinen Vereinfachungen dem System von Wade-Giles, das in der wissenschaftlichen Welt am häufigsten Verwendung findet, die der japanischen Wörter dem System von Hepburn, das sich seit langem allgemein durchgesetzt hat. – Bei den chinesischen Schriftzeichen wurde konsequent die klassische Schreibform verwendet, u. a. auch um die entstandenen Diskrepanzen zwischen modernen chinesischen und japanischen Schreibformen zu vermeiden.

Der Verfasser

Hisamatsu, Shinichi, geboren 1889 in dem Dorfe Nagara in der Präfektur Gifu (Mitteljapan), das heute zur Stadt Gifu gehört, stammt aus einer alten, streng gläubigen buddhistischen Familie der Jôdo-Shin-shû, der »Wahren Sekte vom Reinen Lande«. Dementsprechend hatte er nach dem Besuch der Mittelschule auch die Buddhistische Akademie dieser Sekte besuchen sollen. Aber infolge der einzigartigen Entwicklung der modernen Wissenschaft in Japan seit der Meiji-Restauration strebte er ein Studium auch der westlichen Philosophie an. Als Vorbereitung dafür besuchte er das Dritte Gymnasium in Kyôto, um danach ab 1912 an der damals Kaiserlichen Universität Kyôto, an der berühmte Philosophen wie *Nishida* Kitarô lehrten, Philosophie zu studieren. 1913 besuchte er zum ersten Male Nishida's Vorlesung »Einführung in die Religionsphilosophie«.

Von früher Jugend an war er der Lehre des Zen-Buddhismus zugewandt. Tief enttäuscht von der Katheder-Philosophie und in völliger Verzweiflung am Leben faßte er den Entschluß, in einem Zen-Kloster Zen-Praxis zu üben. 1915, nach Beendigung seines Universitätsstudiums, begab er sich auf Empfehlung seines Lehrers Nishida zu dem Zen-Meister *Ikegami* Shôzan in das Kloster des Myôshin-ji der zen-buddhistischen Rinzai-Sekte in Kyôto. Nach dreitägiger Übung hatte er Satori, das Große Erwachen.

1928 begann er seine Lehrtätigkeit als Professor an der Buddhistischen Akademie der Rinzai-Sekte, der heutigen Hanazono-Universität, sowie der Ryûkoku-Universität, der Buddhistischen Akademie der Jôdo-Shin-Sekte. Von 1932 an lehrte er an der Philosophischen Fakultät der Kaiserlichen Universität Kyôto, wurde 1937 zum Extra-Ordinarius ernannt und hatte dort von 1943 bis 1949 den Lehrstuhl für Buddhismus und Religionsphilosophie inne. Im Gegensatz zu seinen Universitätskollegen führte er ein Leben in völliger Stille und Zurückgezogenheit.

Als sich 1944 die Niederlage Japans im Zweiten Weltkrieg bereits drohend anzukündigen begann, wurde an der Universität Kyôto auf seine Initiative ein »Seminar für die den Weg Lernenden« gegründet, und er mit dessen Leitung betraut. 1957/58 reiste er nach Amerika und Europa, hielt Vorlesungen an der Harvard University und trat in historisch gewordenen Begegnungen in persönlichen Kontakt mit Paul Tillich, Martin Buber, Gabriel Marcel, Rudolf Bultmann, Carl Gustav Jung und Martin Heidegger. Noch im gleichen Jahre (1958) wurde das von ihm geleitete Seminar umgewandelt in das F.A.S. Zen Institut, das für die Begriffe »Formless Self – All Mankind – Superhistorical History« steht, japanisch: Musô no jiko – Zen-jinrui – Rekishi wo koeta rekishi.

Durch seine grundlegenden religionsphilosophischen Arbeiten über das »Ostasiatische« oder »Zen-buddhistische Nichts« (jap.: Tôyôteki Mu) und den »Weg des absoluten Subjekts« (jap.: Zettai-shutai-dô) wurde er zum Reformator des Zen-Buddhismus in Japan. Der hier veröffentlichte Traktat ist das Kernstück seiner Schriften.

Die hier vorgelegte Schrift ist die deutsche Übersetzung des Traktats »Tôyôteki Mu no Seikaku«, Grundcharaktere des zen-buddhistischen Nichts. Die Übersetzung beruht auf der 1946 datierten Textausgabe, die in »Hisamatsu Shinichi chosaku-shû«, Gesammelte Werke von Hisamatsu Shinichi Band I »Tôyôteki Mu«, Das Ostasiatische Nichts, Kyôto 1970, erschienen ist.

Der Begriff »tôyôteki« hat im allgemeinen die Bedeutung »fernöstlich«, »ostasiatisch« oder auch »orientalisch«, »morgenländisch«, wurde hier aber im Einvernehmen mit dem Verfasser sinngemäß mit zen-buddhistisch« interpretiert.